関東大震災
被災者支援に動いた
女たちの軌跡

浅野富美枝 著

JN061054

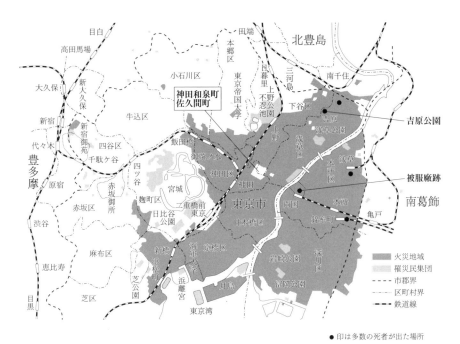

関東大震災の火災地域状況

＊週刊 YEAR BOOK『日録 20 世紀　関東大震災！―1923 年（大正 12 年）』講談社、1997 年 9 月 9 日号より。一部改変。

目　次

本書は当時の文献の引用から、差別的表現・差別語が使われていますが、当時のことを正しく知るためにそのまま引用しています。

序　章

いま、なぜ関東大震災なのか

──女性たちの動きを検証することで見えてくること

フェリス和英女学校の記録から

　私の手元に『関東大震災　女学生の記録』という本があります。これ
は、フェリス和英女学校（現在の横浜・フェリス女学院）の16歳から18歳
の学生151人の関東大震災体験記です。フェリス和英女学校は、東京より
も関東大震災の震源地に近く、甚大な被害がでた横浜市にありました。発
災当日は9月10日に始まる2学期を目前に控えた夏休みの最終盤で、学
生たちは習い事に通っていたり、自宅で宿題に取り組んでいたり、帰省中
であったりと、それぞれの生活を送っていました。
　この本には、そのような学生たちが震災に遭遇したときの様子が生々し
く描かれています。たとえばそれは、次のような内容です［フェリス女学
院150年史編纂委員会編　2010］[1]。

（1）　同書は、フェリス女学院に保管されていた震災当時の手書きの作文集（『大正12
　　年9月1日大震火災遭難実記』1932年）を、同女学院創立150年史資料集として
　　2010年に刊行されたものです。

○同級の友人とタイプライターの練習に行っていた学生⁽²⁾……練習を終えて帰り支度をしていた時に地震にあいました。倒れてきたものに挟まれて身動きが取れずにいたところを男性に助けだされ、外へ出ることができました。その後友人と桜木駅の方へ逃げたのですが、四方八方から火事が発生して、群衆に押されながら逃げ回りました。鼻血がたくさん出て、ハンカチでは足りず着物の袂（たもと）で押さえました。ようやく見つけた自動車は人でいっぱいでしたが、なんとか身体を横たえることができました。ほっとしたのは翌日の明け方でした。

○横浜の自宅で地震に遭遇した学生……家が倒壊し、壁土のほこりで何も見えないなか、外へ飛び出しました。しかし兄が倒壊物の下敷きになり、父と近所の人が助け出そうとしましたがどうにもなりません。そのうち火の手が目前に迫り、父は近所の人に「あきらめて逃げろ」と身体を引っ張られながら、「許してくれ、許してくれ」と叫びつつ、兄を残してその場を離れざるをえませんでした。

○秋田に帰省していた学生……9月1日の晩に号外で東京の震災を知りました。その時はそれほど気にもとめませんでしたが、2日の朝の号外で横浜も大火事だと知って、心配と不安が募ってきました。秋田駅の前には避難者のためにテントが張られ、在郷軍人⁽³⁾や看護婦がかいがいしく働き始めていました。下り列車が着くたびに避難者が降りてきて、医者に診てもらったり薬を飲んだりする人や、なかには襦袢（じゅばん）（和服用の下

（2）　タイプライターとは、パソコンやワープロが普及するずっと以前に開発された、文字を印字する印刷機のことで、これを職業としていた人はタイピストと呼ばれ、1916年頃からタイピストとして働く女性が急増しました。タイピストは賃金も高く、電話交換手などとともに女性の知的職業として人気がありました。そのため当時の都市部では、タイピストを育成する学校などに通う女性が少なからずいました。

（3）　在郷軍人とは、軍隊に所属しているが現役として軍務に服していない軍人のことで、一般社会で生活をしている予備役、後備役、退役軍人のことです。1910年に全国的な帝国在郷軍人会が結成され、1936年には陸海軍の公的機関となりました。

着）一枚の人や、親からはぐれて泣きわめく子どもがいました。

関東大震災 100 年──私たちは何を記憶しているか

　関東大震災では 10 万 5 千人が犠牲となりました。これは 1995 年に発生した阪神・淡路大震災の 16 倍、2011 年に発生した東日本大震災の 5 倍以上で、明治以降の災害で最多の犠牲者数です。関東大震災が発生した 9 月 1 日は「防災の日」とされています。

　「防災の日」が制定されたきっかけは、制定された年（1960〈昭和 35〉年）の前年に発生した伊勢湾台風で 5 千人以上の犠牲者が出たことでしたが、9 月 1 日と定められたのは、関東大震災にちなんでのことです。また、例年 9 月 1 日頃は、台風の襲来が多いとされる「二百十日」[4]にあたり、防災を喚起するためにこの日と定められたとも言われていて、毎年この日には関東大震災の犠牲者の慰霊祭のほか、全国各地で防災訓練や防災に関するイベントが開催されています。とりわけ近年は、当時の埋もれていた記録や証言が掘り起こされ、朝鮮人の大量虐殺などの実態が次々に明らかになってきたことから、この日に合わせ各地で虐殺された犠牲者への慰霊と大震災の教訓をつなぐ集会が開催されています。

　大規模災害が多発している今日、「防災の日」の意義はますます高まっていますが、100 年が経過した関東大震災の記憶は次第に薄れつつあります。しかし、関東大震災から学ばなければならないことはたくさんあります。

（4）「二百十日」とは、立春から数えて 210 日目の日のことで、9 月 1 日頃にあたります。稲の開花と台風の襲来とが重なる時期で、農家の厄日として暦に記載されてきました。

日本は、地理的な位置や地形などの条件（5）から、火山噴火や地震、津波、台風などの自然災害が発生しやすく、古来、大規模な自然災害にたびたび見舞われてきました。そのことはさまざまな歴史的文献から知ることができます。しかし、災害時に女性たちがどのような状況におかれ、被災後の避難生活や復旧・復興にどのようにかかわったのかは、近代になるまでほとんど記録がありませんでした。災害時の女性の状況の記録が見られるようになったのは、関東大震災においてです。

被災した女性たちの記録を掘り起こす

　今私たちは、当時のさまざまな被災者調査（当時、被災者は罹災者と言われていました）や東京、横浜などの被災した自治体や地域、フェリス女学院や自由学園、日本女子大学などに残されている記録、東京日日新聞や報知新聞などの当時の新聞記事、平塚らいてうや山川菊栄などの体験記、女性史研究文献、さらに内閣府発行の『防災白書』や調査報告書などから、被災時の女性たちの状況を知ることができます。

　しかし、女性たちによって書かれたものの多くは、これまでほとんど顧みられることはありませんでした。100年が経過した今、震災を直接体験した人は100歳を超えており、もはや数えるほどしかいません（6）。大規

（5）　日本には111の活火山や、わかっているだけで2000もの活断層があります。また、日本列島の周辺には4枚のプレート（太平洋プレート、北米プレート、ユーラシアプレート、フィリピン海プレート）が重なりあっており、さらに台風の通り道にもなっています。こうしたことから日本は世界でも有数の災害大国となっています。

（6）　2023年9月2日の朝のNHKのニュースでは、現役の美容師の106歳の女性の語りが放映、朝日新聞には112歳の女性の語りが掲載されていました（2023年8月27日付）。

模災害が多発する今だからこそ、私たちは当時の女性をめぐる状況を知る手がかりとして、多大な犠牲と引き換えに残されたこれらの記録をあらためて掘り起こす必要があります。

　戦後、国際的な動きと連動して日本でも女性の人権や地位の向上、女性差別の廃絶を求める動きが進み、それにともない災害時の女性の状況が着目されるようになりました。その動きが顕著になったのは1995年の阪神・淡路大震災においてであり、以後、女性の視点による被災者支援や災害対応、防災・減災の必要性が指摘されるようになりました。2011年の東日本大震災以降その動きは加速し、今日ではジェンダー視点で災害を論ずる動きが増えてきました。そのなかで、関東大震災時の女性たちに着目した書籍が折井美耶子と女性の歴史研究会によって出版されました［折井・女性の歴史研究会 2017］。同書には震災時の女性の被災状況とともに、当時すでに、女性たちによって女性被災者支援が活発に展開されていたことが克明に記されています。

ジェンダー視点で関東大震災を「再読」する

　これまで私たちは、ジェンダー視点による災害対応の実践と理論を考察する際に、阪神・淡路大震災における女性たちの動きから多くのことを学んできました。しかし、関東大震災における女性たちの動きにも数多くの学ぶべきことがあります。

　後に詳しく述べますが、関東大震災で女性たちは、羽仁もと子の「理屈なしに実行から始めましょう」[7]という言葉に象徴されるように、宗教や

（7）　1923年9月28日の東京連合婦人会の事実上初の会合での羽仁もと子の発言。羽

思想信条を超えて「大同団結」して東京連合婦人会を設立し、驚異的な力を発揮しました。東京だけでなく、横浜や西日本の女性たちも大きな力を発揮しました。その女性たちの力の源泉は何だったのか。しかしその後、女性たちのその力の多くは急速に進む戦争への道の中で変容し、次第に戦争へ向かう時代の本流に流されていくのですが、それはなぜだったのでしょうか。

　今日、ロシアによるウクライナへの軍事侵攻、台湾をめぐる中国とアメリカの武力衝突の不安、度重なる北朝鮮のミサイル発射実験、そしてイスラエル軍によるパレスチナ自治区のガザへの侵攻などをきっかけに、現在を「戦争前夜」あるいは「戦時下」ととらえ、防衛力を強化する動きが顕著になりつつあります。戦前と同じ轍を踏まないためにも、私たちは関東大震災のときの女性たちの動きを検証する必要があります。

　こうしたことも念頭に置きつつ、本書では、関東大震災における女性たちの動きから、私たちは何を教訓として学ばなければならないか、災害時に人権と尊厳が守られる社会をつくるには何が求められるのか、いま私たちにできることは何かを改めて考えてみたいと思います。

仁もと子は自由学園（東京）の創設者で、関東大震災にあっては、東京連合婦人会のリーダーの一人として被災者支援に力を尽くしました。［折井・女性の歴史研究会 2017］

第1章

関東大震災と女性

図1　障子のパーテーションがある避難所

避難所のなかを写した貴重な一枚。東日本大震災のときの避難所はパーテーションがない避難所が多かった。

*東京都復興記念館所蔵

1 被災の概要

(1) 甚大な火災被害

関東大震災は、1923（大正 12）年 9 月 1 日午前 11 時 58 分に発生しました。神奈川県西部を震源とする M7.9 の巨大地震に端を発する群発地震で[1]、土砂災害（神奈川県、千葉県）や津波（静岡県、神奈川県、千葉県）を伴う複合災害でした。被害は東京、神奈川、千葉、埼玉、静岡、山梨、茨城、長野、栃木、群馬の 1 府 9 県に及び[2]、死者・行方不明者は 10 万 5385 人、焼失、全半壊などによる住居の損壊は 37 万 2659 棟におよび、電気、水道、道路、鉄道等のライフラインにも甚大な被害が発生しました[3]。

この震災では火災が多発し、東京市では 15 区の 43.6%、横浜市では市街地の全域が焼失しました。焼死者は 9 万 1781 人であり、震災による死

（1） これまでは相模湾北西部が震源地とされていました（朝日新聞 2023 年 8 月 28 日付）。

（2） 1 府とは東京府のことで、現在の東京都にあたります。1868（慶応 4）年に設置され、当初江戸府と呼ばれていましたが、ほどなく東京府（とうけいふ）と改称されました。東京市は東京府の中の市で、現在の 23 区に相当します。当時は 15 区に分かれていました。1943（昭和 18）年に東京府と東京市は統合され、東京都となりました。なお、関東大震災の被害の概要は、主に［中央防災会議　災害教訓の継承に関する専門調査会 2009］を参考にしています。災害教訓の継承に関する専門調査会は、関東大震災だけでなく、過去の災害に関して 25 の報告書と 4 編にわたる小冊子『災害史に学ぶ』を出しています。これらは内閣府のホームページで見ることができます。

　　また、当時の被災状況の動画「関東大震災映像デジタルアーカイブ（Films of the Great Kanto Earthquake of 1923）」がインターネットで見られます。
https://kantodaishinsai.filmarchives.jp/

（3） 関東大地震の揺れは関東各地で震度 6 を観測したほか、北海道道南から中国・四国地方にかけての広い範囲で震度 5 から震度 1 を観測しました。

者・行方不明者の9割を占めています。発災日は土曜日で、官庁などの仕事は午前で終わり、小学校は2学期の始業式で生徒たちは早めに下校していました。発災時には多くの家庭が昼食の準備でかまどや七輪で火を使っており、火災が同時多発的に発生しました。また当日は日本海側を進んでいた台風の影響で強風が吹き荒れていたため、火災はたちまち延焼し、さらに避難者が持ち出した大量の家財道具に火が燃え移り、ほぼ二昼夜にわたる大火災になりました。あわせて、地震で東京市内の水道管が破壊され、消火能力が損なわれたことや、道路が狭く、逃げることが困難だったことも、膨大な焼死者が発生した要因だと考えられています。

(2) 地方避難者は70万人以上に

　発災後の被災地は深刻な食糧難に見舞われました。政府機関や軍隊は貯蔵してあった食糧を放出しましたが、多くの食糧庫が火災で焼失したため、必要な量をまかなうことはできませんでした。住居を失い、食べ物にも事欠いた被災者は、自宅の近くに一時的な避難場所を求めましたが、地方の実家や知人先などを頼りに遠方へ避難する人も多数いました。政府は地方へ避難する被災者に対し、9月3日以降、鉄道や船舶の運賃を無料にしました［北原 2016］[4]。東京を離れて、千葉、埼玉などの近隣5県をはじめ全国に避難した被災者は70万〜80万人にのぼったと伝えられています。

　このため、内務省[5]は全国の各知事宛に避難者救護に関する通達を出

（4）　多数の広域避難者の出現により、1923年11月15日時点で、東京府の人口は同年9月1日の推計人口より41万人減、神奈川県は13万6千人減、他方、千葉県は5万3千人増、埼玉県は3万7千人増で、近隣5県の人口はいずれも増加しました。

（5）　内務省とは、戦前の日本で、内政（国内行政）全般を担う省でした。発足時は産業政策、地方行政、警察を所管していましたが、後に、産業政策は農商務省へ移り、地方行政と警察を所管する省となりました。

し、避難者を受け入れた全国の自治体は対応を迫られました。とくに、東京・神奈川への出稼ぎ者が多かった東北の諸県は、田端や赤羽、大宮などの駅の周辺に避難者受け入れの事務窓口を開設したり、地元の主要駅の周辺に避難者の救護所を設置するなど対応に追われました[6]。

　北原糸子は、高崎駅などの主要駅でとられた避難民への群馬県の対応を紹介しています。それによると、群馬県内の主要各駅で対応した避難者は、関西、長野、新潟などに向かう通過者も多数いましたが、県内の知人や親せきを頼りに、群馬に滞在する予定の避難者が4万人以上いたといいます。駅では高崎市役所の職員、在郷軍人会、青年会、中学校や女学校の生徒、愛国婦人会、仏教各宗派、医師会などが対応にあたり、傷病者に対しては映画館や寺院、小学校などが収容場所になったとのことでした［北原 2023］。

(3)　25万人の失業者の発生

　当時の産業構造は、今日（2021年）では3.0％にすぎない第一次産業（農業、林業、鉱業、漁業など）の占める割合が50％以上でしたが（1920〈大正9〉年初の国勢調査による）、当時は資本主義経済の発展により雇用労働者が増大していた時期で、しかも雇用労働者は東京市や横浜市に多く居住していたため、多数の失業者が発生しました。国による調査では、東京府と神奈川県の被災者約340万人のうち総失業者は約25万人で、失業者の7割が男性、3割が女性との結果が報告されています。

　またこの調査とは別に、1923年に内務省社会局参与に就任した東京商

（6）　たとえば、多数の被災者が避難した仙台駅には避難者のための臨時救護所が設置されたことや、東京日日新聞（今の毎日新聞）が仙台市に臨時通信部を設置して宮城版を作製したことなどが記録に残されています。［宮城県・みやぎの女性史研究会編 1999］

科大学（今の一橋大学）教授の福田徳三は、11月、東京商科大学の学生と共に、東京市営のバラック（仮設住宅）で暮らす被災者3万7千人に対して失業調査を実施しました。

　福田による調査は国のそれより詳細で、世帯票（世帯の従来と現在の生計費、希望する本業・副業の種類を男女を明記して記入）、個人票（年齢、従来と現在の本業と、その勤務時間と賃金形態、月収、地位など、従来と現在の副業、希望する副業の種類、時間、収入など）を配布しての聞き取り調査でした。それによると、バラックに居住していた被災者のうち以前と同じ業務に復帰できた者は全体の3.8割程度で、失業者は6割を超え、そのうち3.4割が完全失業者、2.8割は不完全失業者（副業を本業にしたり、焼け跡の片付けの仕事をしている者など）でした。

　この調査から福田は、震災後の生活が危機にさらされている者は東京市の4人に一人にあたると推測し、「人間の復興」を提唱しました[7]。

2　被災した女性たちの状況

(1)　男女で異なる被害状況

　災害が人々に与える影響が、性や年齢、障がいの有無などによって大きく異なることは今日ではよく知られています。

　たとえば1995年の阪神・淡路大震災の死者は男性が2713人、女性が3980人で女性が男性より約1000人多く、その最大の要因は耐震基準が強化された建築基準法改正の1981年以前に建てられ、家賃の安い老朽化

（7）　失業調査に関しては、福田徳三「失業調査とそれに基づく若干の推定」（1924年発表）。「人間の復興」に関しては、「営生機会の復興を急げ」（1923年発表）。[福田徳三研究会編 2016]

表1　東京市各区と東京府の死者数（竹内六蔵）

区	死者数			
	男	女	不詳	計
麹町区	71	33		104
神田区	356	391	96	843
日本橋区	153	115	41	309
京橋区	160	100	36	296
芝区	165	82	23	270
麻布区	13	22		35
赤坂区	27	49		76
四谷区	2	2		4
牛込区	19	34		53
小石川区	164	52		216
本郷区	30	15	10	55
下谷区	114	83	11	208
浅草区	284	715	1245	2244
本所区*	4503	3856	**40134**	48493
深川区	1137	1101	593	2831
水上	1104	1262	17	2383
東京市計	8302	7912	**42206**	58420
郡部	759	1019		1778
東京府計	9061	8931	42206	60198

＊うち被服廠跡の死者：男 2574、女 2179、性不詳 39277、合計 44030（竹内六蔵による）

出典：中央防災会議「1923 関東大震災　災害教訓の継承に関する専門調査会報告書　第 1 編」（平成 18 年 7 月）、第 1 章第 2 節コラム「関東地震の死者・行方不明者数」（諸井孝文）表 6-1 を筆者改変。元データは竹内六蔵（1925）大正十二年九月大震火災に因る死傷者調査報告『震災予防調査会報告』第 100 号戊、229-264 ページ。

した木造住宅に住んでいた低年金の高齢女性が多く犠牲になったものと考えられています。2011 年の東日本大震災でも死者は男性 7360 人、女性 8363 人で、高齢の女性が多く犠牲になりました。

　国外で発生した災害においても同様の傾向がみられます。たとえば、1991 年にバングラデシュで起きた大型サイクロンでは死者の 9 割が女性と子どもであり、20 代〜40 代で女性の死者数は男性の約 5 倍にも達

したと伝えられています。また、2004年に死者・行方不明者30万人以上を出したスマトラ沖大地震・インド洋津波で甚大な被害を受けたインドネシアのアチェで実施した調査では、女性の死者が男性の3倍にものぼったと報告されています［大倉 2019］。

　こうした災害で性別による差が生まれる要因は、身体的な差異もありますが、ジェンダー不平等な社会規範や社会的、経済的地位が密接に関係しており、災害が起こる前からあった社会経済的な状況と地位の男女格差が顕在化したものと考えられています。

(2)　拘束状態下の集団犠牲——遊廓と紡績工場の女性たち

　焼死者が犠牲者の9割を占めた関東大震災では性別不明の死者が圧倒的に多く、死者数の男女差を特定することは困難です[8]。しかし、犠牲者となった女性の固有の特徴を挙げることはできます。その典型は、女性たちが集団で犠牲になったケースで、吉原遊廓の娼妓（遊郭などの特定の場所で性を売ることを公認された女性）たちと紡績工場の女工たちが集団で被災したことです。いずれも、拘束状態で劣悪な労働環境下に置かれていた結果でした。

　吉原遊廓とは、江戸時代に幕府が公認した遊廓で、明治時代以降も政府公認の遊廓として存在し続け、震災当時は浅草寺の裏に移転していました。娼妓たちは日常的に拘束状態に置かれ、2000〜3000人が働かされていたと言われています。関東大震災では、火災発生後も彼女たちを遊廓内にとどめた店が多く、逃げる機会を失った彼女たちは、火災から逃れよう

（8）　たとえば竹内六蔵の報告では東京府の死者は男9061人、女8931人、性別不詳4万2206人となっており、性別が判明している者のなかでは男女差はほぼ見られない一方、性別が判明できない者が判明できた者の2倍以上になっています（表1）。［中央防災会議　災害教訓の継承に関する専門調査会 2009］

として吉原公園に押しかけ、火の手が迫ると園内の弁天池に飛び込み、その結果400人以上の娼妓が焼死や溺死などで犠牲になりました［折井・女性の歴史研究会 2017；吉村 2004］[9]。

　集団で犠牲になったもう一つのケースは紡績工場などで働いていた女工たちです。紡績など繊維産業は当時の花形産業で、そこで働く工場労働者の70％は女性でした。震災当時は京浜工業地帯が形成されつつあった時期で、東京の深川・本所地域や、横浜、川崎には紡績工場が多数建設され、地方農村出身の10代から20代の女工たちが粗末な寄宿舎に住み、昼夜2交代制で働かされていました。震災から3年後の1925年に刊行された細井和喜蔵の『女工哀史』によると、被災した工場は大地震に耐えうるような造りではなく、非常口も大きな工場に1、2か所程度で数が足りず、工場内で働いていた女工たちは外へ逃げることができず、5000人以上の死傷者がでたと述べています。これに関して細井は次のように述べています。

　　地震そのものはもちろん不可抗な自然の威力である。しかしながら積み上げた煉瓦の下敷きになったり、据え付けた機械の間に挟まったり、または焼き殺されたりしたのが悉く不可抗なる大自然の法則にしたがったものであるや否やを考えるとき、私は少なからぬ疑問を起こさないではいられない。要するにそれは狡猾あくなき資本主義者がもの言わぬ自然への罪の転嫁にほかならんのである。［細井 1954］

うちが貧乏で12の時に　売られてきましたこの会社

（9）［吉村 2004］によると、吉原公園の死者490人中、娼妓は435人だったとあります。

籠の鳥より監獄よりも　　寄宿住まいはなお辛い

　お鉢引き寄せ割飯眺め　　コメはないかと眼に涙

　工場は地獄よ主任が鬼で　　廻る運転火の車

　寄宿流れて工場が焼けて、門番コレラで死ねばよい

「女工小唄」〔立川 1971〕

という唄が残っています。

　要するに、細井は、彼女たちの集団死は自然災害による死というより、劣悪で拘束状態に置かれた寄宿舎の生活環境と労働環境の人災による死であって、自然災害によって平時の人間社会の問題が顕在化したと指摘しているわけです。

　北原もまた、神奈川県では工場が山地の奥深い、地盤の緩いところに建設され、地震によって土砂災害にあったケースを紹介しています[10]。

(3)　顕著な男女差が見られた失業者

　関東大震災で男女差が顕著に見られるのは失業者です。先の福田徳三の調査で特筆すべき点は、詳細な男女別の調査を実施したことでした。

　彼はその調査結果を「震災のために元の業を継続しうる者は、男は4割強であるが、女はその半分の2割である」、「男の純失業の割合は2割5分3厘であるが、女のそれは驚くべし6割3分1厘6毛にのぼっている」と報告しています。

　また彼は、失業した女性たちがどんな職種を希望しているかを調査し、さらに、女性は職業紹介所へ行くにも困難を抱えているので、「婦人求職

---

(10)　〔北原 2016〕。このほか、会社や工場、電話局や病院で働いていた多くの女性たちも犠牲となりました。〔米田 1972〕。

者の方へ出張して職業を紹介する制度を作らねばならぬ」という政策提言をしています［福田 1924］。男女別の統計（ジェンダー統計）の重要性は今も指摘されていますが、1世紀も前に、ジェンダー統計を実施し、これにもとづいて女性のための労働政策を提言したことは画期的なことだと言えます。

(4)　結婚紹介事情に見られた男女差

　結婚紹介事情にも男女の違いが見られました。

　1923年10月15日付東京日日新聞に「地震が取り持つ結婚媒介所の繁盛」という見出しの記事があって、「震災から夫婦片方になって身の回りの不自由や孤独をかこつ者、乳飲み子を抱えて泣く夫、両親から取り残されてその日の生活に困る娘などの結婚媒介で、最近の山の手の結婚紹介所は、目の回るような忙しさだ」「なかには婦人の申し込み無料を看板にぼろもうけをしているところもある」などと報じられています。

　また、申込者の特徴として挙げられているのは、女性は「俄（にわ）か未亡人と親に離れた15、6歳の娘が多く、なかには妾（めかけ）の希望もある」、男性は「資産ある者は結婚より仕事の復興を優先させており、結婚を希望するのは労働者」ということで、明らかに男女差がありました[11]。結婚紹介所の繁盛が実際の結婚にどれだけつながったかはわかりませんが、これらの記事からは、結婚が、男性にとっては身の回りの世話や育児のための、女性にとっては生活費を確保するための手段であった事情が端的に表れています。

---

(11)　2011年の東日本大震災の後も、結婚紹介所の会員が増え、婚約指輪や結婚関連雑誌の売り上げが伸びましたが、実際の結婚には結びつかず、厚生労働省の人口動態統計によると、東日本大震災のあった2011年の婚姻件数は66万1895組で、前年に比べ3万8319組減少しました。［白河 2011］

(5) 多発した性被害

　災害時には性被害も多発しました。しかし、その統計的な数字は残されていませんし、当時の新聞記事にもあまり出てきません。

　それでも性被害が多発したことは、たとえば東京日日新聞（大正12年10月24日夕刊）の「震災と人間性の弱みの現れ　憐れむべき犯罪や憎むべき犯罪の統計」という見出しの記事からわかります。同記事では、「警視庁刑事部が取り扱った9月1日以降の犯罪は、大部分震災による新犯罪である。」として、「金庫破り19件、棄児11件、死体遺棄2件、救護品横領5件、誘拐2件」に続いて「女に暴行7件」が挙げられています。

　また同記事は最後に警視庁の刑事部長の言として「婦人に関する犯罪の多いのは、混乱のため警察権の行き届かなかったためと四囲の状況によったもので、（以下略）」とあり、震災時に平常時より女性が被害者や時に犯罪に巻き込まれるケースが多かったことを報じています。

　このほか、当時の新聞には例えば、両親が焼死し、一人残された18歳の女性が従弟の家に助けを求めて辿り着いたが、その従弟に性暴力を受けた記事（「悪魔の宿に救いを求めた―死を免れて呪いの生へ」東京日日新聞　大正12年9月22日夕刊）、焼け出された19歳の女性が、隣家の慶応大学生に親戚に避難させてやると言われて着いて行き、性暴力を受けた記事「弱みに付け込む悪慶大生―犠牲の処女」（報知新聞　大正12年9月23日）、親兄弟に死に別れ、途方に暮れていた12歳の少女を自分の家に18日間監禁していた記事（「魔境に沈む女―震災の影から」東京日日新聞　大正12年10月1日）などが見られます。これらの記事からは支援を装った性犯罪が多発していたことが推察されます。

　男女平等と女性の人権が戦前とは格段に進歩した戦後になっても、阪神・淡路大震災や東日本大震災で同様の状況がみられました。今日も性犯罪の状況は戦前とそれほど変わっておらず、性をめぐる人権は立ち遅れて

いると言わざるをえません。

(6)　困ったこと、恐ろしかったこと——聖母の園老人ホーム入居者の記録

　以上の震災時の女性の状況は、公的な資料・文献や公刊物を中心にまとめたものですが、被災者自身による貴重な記録もあります。冒頭に紹介したフェリス和英女学校の学生の作文もその一つですが、もう一つ、聖母の園老人ホーム（横浜市戸塚区）の記録を紹介します［聖母の園老人ホーム 1986］。

　聖母の園老人ホームは、1947（昭和22）年、戦争で被災した高齢者などのために建てられたカトリック系の老人ホームで、当初は聖母の園養老院という名称でした。同ホームでは、ふだんの生活の中で入居している高齢者が折に触れて関東大震災の体験を語るのを聞く機会があったことから、これを聞き書き集として残すことにしました。そこで1984年に同ホームの生活指導員などの職員が、入居している高齢者63人から関東大震災当時の体験を改めて聴き、これをもとに1986年に『関東大震災の記録』を発行しました。

　聞き書きをした当時、同ホームの入所者は女性のみであったため、聞き書き集に登場するのはすべて女性です。登場する女性たちは震災当時6歳から36歳で、多くは職業を持っていたり家業を手伝っていた働く女性でしたが、子育て真っ最中の専業主婦の女性や小学校や女学校に通っていた若い女性もいました。

　被災から60年以上もたっていたにもかかわらず、女性たちは当時のことを実によく記憶しており、いかに強烈な体験だったかがわかります。この聞き書き集は聞き手の職員の質問に女性たちが答える形をとっていること、聞き書きの対象は多様な年代の女性であること、さらに60年後の回想であることを反映して、比較的整理された内容になっています。たとえ

ば次のようなものです。

○被災当初、困ったこと……「一番困ったことは食物で、3日も何も食べ
　ないことがありました」「震災にあって一番欲しかったのは食べ物と履
　物」「食料と水不足が困りました」などで、飲食、身に着けるものの不
　足が多く挙げられていました。また、子育て中の女性からは、「長男が
　まだ乳を飲んでいたのですが、震災で乳が出なくなり、おむつもなくて
　困りました」

という声が寄せられています。

○恐ろしかったこと……「家は半壊、実家も壊れたので姉の家に身を寄せ
　ました。夜になると怖いデマが流れ、いたるところで警備がしかれ、姉
　の家でも竹やりをもって警戒しました」「困ったことは余震で寝られな
　かったことと、ありもしないデマ騒ぎでした」「悪いデマが流れ、大人
　たちは合言葉（山、川）をつくり、顔があうと必ず呼びあい確認しあっ
　ていましたが、ある時叔父が急いでいた時、すぐに合言葉が出ず、相手
　に日本刀で切られてしまい、ひどいけがをしました」「デマが流れ、合
　言葉を伝えないと殺傷したりしました。あまりひどい虐待をした人は警
　察に引き取られていきました」「地震が収まると今度は「外国人がピス
　トルをもってテントを襲う」というデマが飛び、女学校の講堂へ逃げま
　した。同じようなデマが飛ぶたびに私たちは転々と逃げました」

などで、恐ろしかったこととしてあげられていたのは圧倒的にデマ・流
言（根拠のないうわさ）でした。また、「地震の時よりも空襲は何倍も恐ろ
しく悲しい体験だった」と、震災と戦災を重ね合わせて語っている高齢者

もいました。

　震災当時に流れたデマには、「上野に大津波がきた」とか「富士山が大爆発した」といったものもありました⁽¹²⁾。しかし女性たちによって語られているデマ・流言とは、朝鮮人が「放火した」「井戸に毒を入れた」「集団で来襲した」「強姦をしている」などのデマのことです。

　震災後の被災地でこのようなデマが広がったことは、先のフェリス和英女学校の学生の記録にもたびたび出てきますが、実際にそのような事態を見たという記述は一つもありません。こうしたデマは、周知のように、朝鮮人などに対する大量虐殺事件や女性・妊婦、幼児を含む日本人に対する殺害事件の引き金になるのですが、それについては第4章であらためて触れることにします。

　また、被災者の証言としては得ることができませんでしたが、出産に困った妊産婦も少なくありませんでした。日本赤十字社によると、当時、出産は家庭で行われるのが一般的で出産・乳児のための施設はきわめて少なかったうえに、震災後にはそのわずかな施設さえ被災したこと、そのため分娩する場を失った妊婦は、救護テントや路上で出産せざるを得ない状況にあったことから、日赤は大久保や本郷に臨時産院、乳児院を設置したとのことです。［日本赤十字社 2023］

---

(12)　関東大震災では、大島、伊豆半島、房総半島、さらには静岡、湘南、熱海などに最高 12 メートルの津波が襲い、200 〜 300 人が亡くなりました。
　　　https://www.bousai.go.jp/kyoiku/kyokun/kyoukunnokeishou/pdf/kouhou039_20-21.pdf
　　　内閣府『広報 ぼうさい』No.39、2007 年「過去の災害に学ぶ（第 13 回）1923（大正 12）年関東大震災」
　　　しかし、上野には津波は来ませんでした。

第2章

女性たちの被災者支援

図2　開設された託児所

東京市社会局と日本女子大学校桜楓会により開設された児童救護部のテント。立っているのは被災した親子。

出典：『「社会に貢献する」という生き方——日本女子大学と災害支援』ドメス出版、2017年、22ページ、写真7。日本女子大学成瀬記念館所蔵

1 女性たちの支援活動

　首都圏が壊滅的な被害を受け、社会が大混乱と緊張に見舞われるなか
で、それまでさまざまな宗教、思想的立場から、女性をめぐる多様な活動
を展開していた女性団体は、発災直後から被災女性と子どもたちへの支援
活動に立ち上がりました。

(1) いち早く動いた女性団体

愛国婦人会

　いち早く動いたのは、愛国婦人会でした。愛国婦人会とは、陸海軍省や
内務省をバックに、国防および戦死者の遺族や傷病兵の援護を目的とし
て、1901（明治34）年に創設された全国組織の女性軍事援護団体です。軍事
援護を超えて広範な社会事業に取り組むようになった1918年頃から、活動
領域が広がるとともに会員数も増大し、関東大震災のときには全国に128万
人の会員がいました。

　関東大震災時、愛国婦人会は、火災を免れた東京・九段下の本部を開放
して発災直後から避難者を収容し、炊き出しを行ったり、無料児童相談所
や無料診療所を開設したり、妊産婦の巡回救護班を組織するなどして、被
災者の支援にあたりました。また、全国の各支部は義援金の募集や、それ
ぞれの地域で全国に避難した広域避難者に対する被災者支援にあたり、東
京の本部は全国の支部による被災者支援のハブとして機能しました。［千野
監修 1996；藤井 1985；北原 2023］。

全関西婦人連合会

　被災地以外の女性団体も被災者支援に立ち上がりました。なかでも全関

図3　かっぽう着姿の愛国婦人会

愛国婦人会の「制服」ともいえるかっぽう着と「愛国婦人会」と書かれたたすき
をかけて活動に出かける会員たち。

出典：国立美術館国立映画アーカイブ所蔵『關東大火實況』（1923 年、文部省社
会教育課製作フィルム）のコマ抜き。

西婦人連合会は大きな力を発揮しました。全関西婦人連合会とは、大阪朝
日新聞社の呼びかけで 1919 年に発足した西日本のほぼ全域の婦人会の連合
組織で、中産階級の女性を主体に 300 万人の会員を擁した巨大女性ネット
ワークです。

　9 月 3 日の朝、横浜方面に停泊中だった戦艦の艦長から大阪朝日新聞社
に、被災者に衣料の提供を求める内容の無線が入りました。これを受け
て、同会は大阪朝日新聞社と協議のうえ支援を開始し、2 週間足らずで衣
類、毛布など総数二百数十万点の慰問品を集め、船や新聞運搬用の自動車
などを使用して被災地に届けました［大阪府編 1924］。

図4　全関西婦人連合会の呼びかけで集まった慰問品と
同会のメンバーと思われる女性たち

朝日新聞フォトアーカイブより（撮影場所・大阪市北区中之島の大阪朝日新聞。
撮影日・1923年9月）。写真タイトル「1923年　関西婦人連合会の呼びかけで集
まった慰問品　関東大震災」とあり、説明では「関西連合婦人（全関西婦人連合
会のこと・筆者注）が大阪朝日新聞を通じて行った震災被災地へ送る衣類などの
寄贈呼びかけに応じて集まった慰問品の山。慰問物資は大阪港から東京へ向けて
船積みされ、東京朝日新聞の手で被災者に分配される。関西連合婦人会の事務局
は大阪朝日新聞社内にあった」とある。

出典：朝日新聞フォトアーカイブ

　さらに11月には「全関西婦人連合会関東救援週間」を設け、大量の布
団、毛布、蚊帳、子ども用マントなどを集め、被災地に送りました。これ
らの支援物資は大阪から汐留駅と新宿駅に貨車で届き、これを受け取った
東京連合婦人会（後述）が被災した病院や被災者などに配布しました。ま
た全関西婦人連合会の被災者支援の活動は、大阪や神戸に避難してきた被
災者に対しても救護所訪問、支援物資の提供などが行われました。同会の

支援活動は、震災の翌年 1924 年 5 月まで続きました。［大阪府編 1924］

　同会の被災者支援の活動は関東大震災以後も続き、1925 年の北但馬地震（兵庫県北部を震源とする M6.8 の地震）や 1927 年の北丹後地震（京都府丹後半島で発生した M7.3 の地震）の救援活動でも同様の支援活動を展開しました。また、同会は被災者支援にとどまらず、西日本の婦選運動（婦人参政権獲得運動）の主力として、関東の婦選団体と連携して大きな力を発揮したほか、廃娼運動にも力を尽くしました［石月・大阪女性史研究会 2020；藤目 1997］。

(2)　被災地・東京の女性団体

　被災地・東京の女性団体も支援に立ち上がりました。震災前から女性が抱えるさまざまな問題に取り組んでいた女性団体はそれぞれ、震災が発生すると、自身も被災しながらも、それまでの活動の延長として、支援活動に動きだしました。全関西婦人連合会など被災地から離れた女性団体の活動が支援物資の調達・送付と義捐金の募集・給付がメインだったのに対し、被災地での活動は、それらに加えて、被災者のニーズに即したきめ細やかな多様な支援でした。

　まず 4 日には日本基督教婦人矯風会が被災失業者の職業紹介を東京本部で開始、8 日には東京女子大学の学生たちが寄贈された材料で寝具を製作して病院などへ配布、11 日には私設の福祉施設・有隣園が東京市の委託で迷児収容所を設置、17 日には日本女子大学校同窓会・桜楓会が東京市社会局と協力して上野公園に児童救護部を設置（図 2）、19 日からは栄養不良の児童へ昼食を提供、上野公園に授産所を設置、自由学園が衣類や布団類を製作して配布（20 日）、同学園の卒業生が 10 月 15 日から児童生徒 200 人に毎日昼食を提供、さらには 24 日には金子しげり、坂本真琴、平塚明（平塚らいてう）、中條百合子（宮本百合子）などが災害救済婦人団

を結成し、講演会で募金活動をするなど、多様な団体が多様な支援に取り組みました［折井・女性の歴史研究会 2017；桜楓会 80 年史出版委員会 1984；日本女子大学研究プロジェクト・平田 2017］。

日本基督教婦人矯風会

　関東大震災で救援・支援活動に大きな力を尽くした被災地の女性団体の一つは、日本基督教婦人矯風会（以下、矯風会）や日本基督教女子青年会（YWCA）など、日ごろから慈善活動や困窮者の支援活動に積極的に取り組んでいたキリスト教関係の団体でした。

　なかでも矯風会は、被災地の女性団体でもっとも早く行動を起こし、長期にわたって支援活動の中心となって活動を展開しました。矯風会は、キリスト教の精神に基づき女性と子どもの救済をメインに活動していた団体で、禁酒、一夫一婦制や公娼制度廃止などを求めて 1886（明治 19）年に創設された「東京婦人矯風会」が、その後全国各地に矯風会ができるなかで、全国組織「日本基督教婦人矯風会」（1893 年）となった団体です。

　関東大震災では、失業者への職業紹介のほか、衣類・布団の配布、青山女学院内に保護された 100 人以上の迷子や孤児のケアなどに取り組みました[1]。また、震災のショックで母乳が出なくなったり、体調を崩した 3 歳児未満の乳幼児を持つ母と子を静養させるための「1 週間療院」を矯風会赤坂本部の焼け跡に設立しました。

　同会は、次に紹介する東京連合婦人会の本部が矯風会の東京婦人ホームに置かれるなど、被災者支援活動の拠点としても機能し、活動の中核を担ったと同時に、震災前から取り組んでいた公娼廃止運動をさらに発展さ

（1）　第 1 章（注 2）の関東大震災映像デジタルアーカイブには、当時の動画が入っています。https://kantodaishinsai.filmarchives.jp/scenes/5.html

図5　桜楓会（日本女子大学校の同窓会）の活動風景

上野・寛永寺の庭で桜楓会授産部による布団づくりの様子。

出典：日本女子大学研究プロジェクト・平田京子編『「社会に貢献する」という生き方—日本女子大学と災害支援』ドメス出版、2017年、写真22。日本女子大学成瀬記念館所蔵

せ、吉原遊廓復興反対運動、娘身売り防止運動、救出した娼妓の支援運動にも大きな力を発揮しました。

女学校・同窓会

　キリスト教関連団体と並んで、女性と子どもに着目した被災者救援・支援で大きな力を発揮したのは、東京女子師範学校（現在のお茶の水女子大学）、日本女子大学校（現在の日本女子大学）、東京女子大学、自由学園など被災地の女学校や同窓会でした。
　東京女子師範学校の同窓会・櫻蔭会は、後述する東京連合婦人会に加入し同会の教育部を担当し、裁縫や編み物の講習を主とする実務女学校の開

設（1924〈大正 13〉年 3 月まで継続）、東京女子師範学校の生徒との協力の
もとでの被災者個別調査、被災児童支援活動、布団・毛布、衣類、缶詰など 生活物資の配給の活動に取り組みました［櫻蔭会 1940］。

　日本女子大学校の同窓会・桜楓会はいくつもの部を組織し、東京市社会
局と協議しつつ多様な支援活動に取り組みました。児童救護部は、東京市
社会局を通じて得られた資金で上野公園にテントを張り、市から提供され
た食材を使って、1 日 400 人分の給食と 200 人分のおやつを子どもたちに
供給したり、被服部は衣類を製作し被災者に提供、販売部は会員の寄付に
よる毛織物や授産所で製作した編み物などを販売、婦人授産所は、改良ベ
ビー服、私立中学校制服の縫製、編み物やフランス刺繍、洋裁の長期講習
会を実施しました。さらに、乳児預り所を設置し、働く女性のために午前
8 時から午後 4 時まで毎日 20 人の乳児を預かりました。他にも、婦人職
業部、児童診療所などを設置し、多種多様な支援に取り組み、1925（大正
14）年 2 月まで活動をつづけました［桜楓会 80 年史出版委員会 1984］。

　これらの活動には、多数の女子学生・生徒も参加しました。後述する東
京連合婦人会教育部主催の「罹災児童愛護デー」（1923 年 12 月開催）には、
二階堂塾、文華高女、和洋裁縫、女子商業、自由学園、錦秋高女、櫻井女
塾、東洋英和、府立第三高女、府立第六高女、フレンド女学校などの女学
校の教師や生徒約 1000 人が参加したとの記録があります。［櫻蔭会 1940；
折井・女性の歴史研究会編 2017］

自由学園

　自由学園は、被災者支援を教育の一環と位置付け、特筆すべき支援活動
を展開しました［自由学園女子部卒業生会 1985；自由学園 100 年史編纂委員
会 2021］。

　同学園は東京市外の東京府北豊島郡高田町（現在の東京都豊島区）にあ

図6　自由学園女学生によるミルク配布

＊自由学園資料室所蔵

り、震災による被害はそれほど甚大ではなかったことから、9月16日に始業式を行いました。震災直後東京市の交通は不通、食糧も欠乏し、ほとんどの学校が休校しているなかで、学園から始業式の知らせが届いたときの驚きと喜びは大きかったと卒業生は述べています。

　始業式の翌日は夏休みの報告書を書くために休日とし、翌日から1週間は、全校が集まって互いの状況や家族の生活を聞きあい、この非常事態のなかで2学期をどのように勉強し、生活すべきかを全員で話しあいました。

　その結果、常務、整理、奉仕の3つの委員会をつくり、常務委員会は学科の勉強と地方にいる生徒への連絡、整理委員会は地震によって破損した学内の器物類の整理、補充、外回り、罹災者の当座の避難所となっていた教室の回復、奉仕委員会は生徒たちのすべき社会奉仕（ボランティア活動）の方法を担当することにしました。その後、午前中3時間は勉強し、午後は全員が奉仕委員会の指示によって、学年相応の役割をもって動きました。

被災者のための救援活動の柱は二つありました。一つは「罹災者のための着物やふとんつくり、乳幼児をもつ被災家族へのミルク配り」で、生徒の記録には、「これ（ミルク配り…引用者注）は高等科と普通科の生徒が組んで、寺院、学校や知人の家に仮住まいする罹災家族を探ねて町々を歩き、乳幼児たちに大きなミルク缶を届ける。それは災害の中で人々の苦しみを共に分かたせていただく緊張と感動の深い勉強の時であったと思う」と書かれています。

　もう一つは、10月に入ってから、もっとも被害の大きかった被服 廠 跡⁽²⁾に近い本所太平小学校の200人の小学生のための豚汁、五目御飯などの温かい昼食づくりで、100日間続けました。こうした生徒たちの支援活動は、社会事業の見学というレベルではなく、実体験を通じて社会へと働きかける意識をはぐくむ学びの場となったようです。

　自由学園の創立者羽仁もと子・吉一は、キリスト者として理想とする社会をつくるために、学校を一つの家庭、社会としてとらえた教育実践を目指し、1921（大正10）年、女子教育機関として自由学園を創立しました。彼らは「社会連帯主義」に基づく社会事業に強い共感を持っており、いわゆる「施し」という形の慈善事業ではなく、与える側と与えられる側が一緒になって持続的な活動を行うべきだと考え、自由学園の教育には、生徒が学校の外に出て社会と触れあうことで、自己の確立と社会における役割を自覚させるためのカリキュラムが組み込まれていました［羽仁 1977］。

　この考えは関東大震災での学校をあげての救援活動のなかでも実践されました。『自由学園100年史』では自由学園の支援の特徴を「①罹災者の

（2）　被服廠跡（ひふくしょうあと）とは、東京・本所にあった陸軍被服廠（陸軍の軍服などをつくる工場）の跡地で、関東大震災時は広大な空き地でした。そこには火災で焼け出された多くの人々が避難してきましたが、そこも炎が竜巻状にもえあがる「火災旋風」により大火災となり、3万8千人が犠牲になりました。現在は都立横網町公園となり、東京都慰霊堂・東京都復興記念館があります。

ニーズに応じて変化する柔軟な支援。②一方的な施しではなく、罹災者の生活再建や自立を精神面や経済面においてサポートする「隣人」でありたいという姿勢での支援」とまとめています。

(3) 支援にあらわれた性別役割分業

　女性たちの自発的な支援活動は、被災者から歓迎されると同時に自治体行政から大歓迎を受け、社会からも高く評価され、活動の場が拡大していきました。

　しかしこうしたなかで、女性たちに支援を強制する動きもありました。たとえば、東京日日新聞（大正12年11月7日投書欄「角笛」）には、女性教員が女性だけに特定の支援を強いることに抗議の投書が掲載されています。その内容は、「東京市の学務課から、市内の女性教員だけが集められ、華族の団体が衣類20万点を罹災者におくることになったので、その裁縫を東京市で引き受けた。ついては女性の教員と市内高等小学校の女生徒に、衣類を一人5枚つくってもらいたい。期限は材料受領から10日以内という宣託があった。しかし、私たちには教育者としての仕事がある。しかも自分は母親と夫をなくし、妹と2人の子どもがいる被災者である。子どもに衣類を縫ってやりたくともできない状況にある。華族様の裁縫を引き受けたからお縫いなさいは、あまりといえばあまりの乱暴ではありますまいか。」という内容の投書です。

　衣類や布団の商品化が進んでいない当時、支援物資は手作りせざるを得なかったため、膨大な人手が必要で、そのために教員だけでなく、女子学生や生徒たちも駆り出されました。神奈川県高等女学校（現在の神奈川県立平沼高等学校）では、「10月19日、被災生徒に配給すべき下着を女子教員数名が徹夜でつくった」、「10月23日、本日より女教員奉仕部が、配給品としてネルのズロース（下着のパンツのこと…引用者）をつくった」とい

う記録が残されています。この学校では、校舎は全壊、721人の生徒のうち25人、教員2人が死亡しており、甚大な被害がありました。そのようななかで女性教員のみに課せられた下着づくりは大変だったと想像できます［神奈川県立平沼高等学校創立100周年記念行事校内実行委員会編集部編 2000］。また、東京府立第三高等女学校の生徒たちが東京府の依頼で衣類の裁縫にあたった写真が残っています（図7）。

図7　東京府立第三高女生の慰問着物の裁縫の様子

朝日新聞フォトアーカイブより（東京府東京市麻布区北日ケ窪町（現・東京都港区六本木6丁目）の東京府立第三高女。撮影日・1923年9月）。写真タイトル「1923年　東京府立第三高女生の慰問着物裁縫　関東大震災」とあり、説明では「被災者のための配給用衣料の裁縫をする東京府立第三高等女学校の生徒たち。東京府の依頼で5万人分の衣類配給品の材料整理、調製をした。府立第三高女は屋根などが破損したものの、倒壊、焼失しなかった。敗戦後に移転、現在は東京都立駒場高校。跡地は港区立朝日中学校となっている」とある。

筆者解説…東京は焼け跡から風で粉塵が舞い上がり、マスクは必需品だった。そのためかマスクをしている女学生もいる。後ろに座っているのは教師か？
　　　　　　　　　　　　　　　　　　　　　　　出典：朝日新聞フォトアーカイブ

2 被災地に誕生した女性たちのネットワーク
―― 「理屈なしに実行から始めましょう」

　とは言え、女性たちの支援活動の多くは自主的な活動でした。当初、女性団体の活動は個別的であり、団体間の連絡・調整もなく、体系的には進められていませんでした。その一方で、被災者が必要とする支援は膨大で、かつ国内外から寄せられた大量の支援物資（当時は救恤品と言いました）が被災者に届けられず、物資の配布は滞り、社会からの批判が高まりました。そのなかで、支援活動を担う女性たちは、次第に個別の活動を超えて、一つの組織体として行動する必要性を認識するようになり、東京には東京連合婦人会、横浜には横浜連合婦人会という女性団体のネットワークが結成されるに至りました。

(1) 東京連合婦人会の誕生
東京連合婦人会設立の経過

　東京連合婦人会が結成されたきっかけは、乳幼児のいる家庭などへのミルク配りでした。

　発災直後、東京府が中心となって、公園などで毎日2回生乳（牛乳）を配布するという形で実施されていたのですが、1か月足らずで打ち切られることになり、これを東京市が受け継ぐことになりました。

　東京市は生乳をミルク（練乳[(3)]）に変え、5歳以下の乳幼児のいる被災

___

（3）　当時は、粉ミルクが発売開始されたばかりで普及しておらず、母乳に代わる乳児への人工栄養は、牛乳が主流でした。しかし一般家庭では冷蔵できないため、加糖練乳（牛乳を濃縮したコンデンスミルク）が希釈して用いられていました。本書でいうミルクとは練乳のことです。関東大震災では、乳幼児や妊産婦、病人に、牛乳（生乳）も提供されましたが、牛乳は傷みやすかったのに対し、練乳は缶入りで

家庭などに直接届けることにし、その活動を矯風会に相談しました。矯風会は支援活動に取り組んでいたさまざまな団体に呼びかけ、9月28日に12団体34人の参加のもとにミルク配布を実施するための集まりをもちました。そこで「東京連合婦人救済会」（直後「東京連合婦人会」と改称）が生まれたわけです（表2　東京連合婦人会設立の経緯、参照）。

　東京市からの依頼を受けてわずか2日後に東京連合婦人会を立ち上げ、ミルク配布の実施を決定したことには、当時の女性たちの驚異的な実行力と並々ならぬ熱意が感じられます。

　東京連合婦人会は、日ごろから慈善活動や救済活動に積極的に取り組んでいた矯風会や基督教女子青年会（YWCA）、バプテスト教会婦人会などのキリスト教系の女性団体や、自由学園、実践女学校、東京女子学校などの女学校、桜楓会、櫻蔭会、鷗友会（東京府立第一高女同窓会）などの同窓会関係団体、さらには婦人協会、婦人平和協会、二葉保育園および関東罹災者保護婦人会などの各種女性団体からなる幅広い組織でした。

　そこには、高等教育を受けた多くのキリスト教徒の女性たちをはじめ、久布白落実、羽仁もと子、吉岡弥生、奥むめお、さらには女性解放を主張する平塚らいてうや社会主義者の山川菊栄など、主義主張の異なったさまざまな女性たちが参加していました。

　当時は大正デモクラシー期で、市民的婦人運動や廃娼運動、婦人参政権運動など女性たちの活動も活発だった時期で、どの団体、個人もそれぞれしっかりした主義主張を持っており、対立しあっている団体もありました。しかし、それらの団体は、個別の活動を続ける一方で、「理屈なしに実行から始めましょう」という羽仁もと子の言葉に呼応して、思想信条、

保存がきき、持ち運びにも便利でした。練乳は海外からの支援物資としても大量に提供されていました。

表 2　東京連合婦人会設立の経緯

1923. 9. 9	内務省の臨時震災救護事務局、震災によって栄養不良となった乳幼児や妊産婦、傷病者のために、バラックや公園などに配乳所を設置し、1 日 2 回、生乳（牛乳）の配給を開始。
25	内務省、25 日で配給の打ち切りを表明。東京市、26 日より、罹災傷病者、5 歳以下の乳幼児、必要と認めた老衰者、虚弱者にミルク（練乳）の供給を決定。輸送は警視庁、配布は市社会局が担当。
26	矯風会の久布白落実、この話を知り、市のテント事務所に行く。市社会教育課から、ミルク配布のため、毎日 100 人の女性の協力が欲しいとの依頼を受け、約 40 通の手紙を書き、女性団体幹部や女学校の校長らに直接届ける。
28	第 1 回会合（矯風会内の東京婦人ホーム）。ミルク配りのために集まったのは 12 団体 34 人、協力を申し出たのは 134 人。「東京連合婦人救済会」の名のもとに毎土曜日に集まることを決定。その後の話し合いの中で、「東京連合婦人会」と称することが決定。
30	市社会局に集まり、担当、地区（18 区域）を決めてミルク配布開始。16 団体 134 人が参加。班に分かれ、警察署の調査を基礎に個別訪問をし、調査カードに記入しながら、対象となる家庭に 3 日ごとに 1 缶のミルク配りを 2 週間続けた。ミルク配布の際の確認事項：警察の調査をもとに個別に訪ね、5 歳以下の弱っている子、震災の影響で母乳が止まり、乳を飲めない子、老人や病人で流動食を必要とする人を対象に配布。ミルク配布と同時に被災者調査の実施を決定。調査カードの内容：産婦、傷病者、老弱者、迷児の注意保護。衣食の状況、台所の衛生状態のチェック。調査結果は毎日市社会局に報告し、市、警察と協力して救護対応。
1923.10.—	会、市の後援を受けた新事業として、矯風会赤坂本部焼け跡に、震災ショックで母乳の出なくなった母親の静養と乳児保護のための「1 週間療院」の設置を決定。1924 年 2 月〜3 月まで開設。700 人余りが利用。
10. 6	第 2 回会合。市より、ミルク配りの継続の依頼があり、2 回目のミルク配りを決定。団体加入数の増大と活動の拡大から、組織化の動きが出てくる。会として、震災復興に関する建議案を作成し、議会に提出することを決定。市、妊産婦、乳児の調査と罹災女性に対する職業の世話を会に依頼。
10.11	失業婦人の救済についての会合（市内の女子失業者 1 万 9494 人　市調査）
13	第 3 回会合。会としてのミルク配り配達総数 5000 缶を超える。
20	第 4 回会合。今後の会のあり方について協議。
27	発会式。42 団体参加。内務省の震災救護事務局と提携して救恤（救済）事業をすることを決定。また、以後、4 つの部に分かれての活動開始。

＊［折井・女性の歴史研究会 2017］を参考に筆者作成

宗教の違いを超えて「大同団結」をし、東京連合婦人会が誕生したわけです。

4 部門に分かれた東京連合婦人会の被災者支援活動

　東京連合婦人会は、社会事業部、職業部、研究部（後に政治部）、教育部を設置し、被災した女性と子どもを支援する幅広い活動を組織的に展開しました。その主な活動は以下の通りです。

　①社会事業部……避難生活の場の提供、食事の提供、ミルクの配布、衣服・布団の縫製と配布、母子・妊産婦の支援、困難を抱えた女性の相談、児童相談などに取り組みました。ミルクの配布に関しては、警察の調査をもとに個別訪問をし、5歳以下の弱っている子、震災の影響で母乳が止まり、乳が飲めない子、老人や病人で流動食を必要とする人を対象に、3日ごとに1缶の練乳を届けました。また、その際に調査カードに沿って被災者の状況を聞き取り、きめ細かい支援を行いました。衣服・布団の縫製に関しては、被災女性の失業対策にもなり、「二重救済」とも言われました。

　②研究部（後に政治部）……独自の個別カード（図8）を作成し、女性被災者に対して、産婦、負傷者、高齢者、迷子がいる家庭や衛生の状態などについての詳細な個別訪問調査をし、それらに対する政策研究に取り組みました。政治部になってからは、久布白落実、羽仁もと子、吉岡弥生、嘉悦孝子、山川菊栄などとともに、11月に公娼廃止期成同盟を結成し、消失した遊廓の再興の阻止、貸座敷・娼妓新規開業の不許可など、公娼廃止に向けて行動をおこしました。また、1924年に女性の参政権を要求する様々な団体が一体となった婦人参政権獲得期成同盟会（翌1925年に婦選獲得同盟と改称）の結成にも指導的力を発揮しました。

　③職業部……震災で4万人の女性が仕事を失ったことから、女性失業者

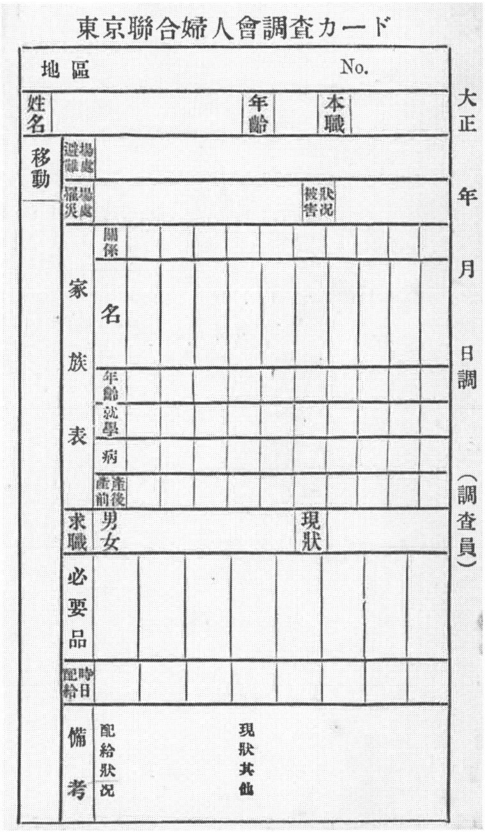

東京聯合婦人會調査カード

地　區		No.

大正　年　月　日　調　（調査員）

姓名 ／ 年齢 ／ 本職

移動 — 避難場處 ／ 罹災場處 ／ 被害狀況

家族表 — 關係／名／年齢就學／病／產前產後

求職　男女　現狀

必要品

配給　時日

備考　配給狀況　現狀其他

図8　東京連合婦人会が独自に作成した個
別調査カード

メリー・ビーアドらのアドバイスを受けて作成された。この
カードに基づいて必要なところに必要な物資を届けた。
メリー・ビーアドは、日本の女性労働、参政権運動に関心を
持っていたアメリカの歴史家。関東大震災後、震災復興事業
のために招聘された夫のチャールズ・ビーアドとともに来日
し、東京連合婦人会の顧問となり、被災者調査の助言や支援
活動を行った。

＊市川房枝記念会女性と政治センター所蔵

の救済として、授産場の開設と職業や内職の斡旋を行うと同時に、女性労働者の労働条件の改善や権利擁護、労働講座の開設に取り組みました。この職業部には、タイピストや電話交換手など多くの職業女性団体、派出婦会（一般家庭などの求めに応じ、臨時に出張して家事手伝いに従事することを職業とする女性の組織）、看護婦会、事務員・女工たちなど、当事者の女性たちも加わりました。

　④教育部……女子教育問題の改善や女性問題の連続講演会を開催しました。

　当時の女性の新聞『婦女新聞』は、「関東大震災に際して、今まで全く無視せられていた婦人の力が発現したことは、日本婦人史の上に特筆すべき一大記録」であり、「婦人の活動がなかったら罹災者の救護は行き届かなかった」（1923 年 11 月 25 日）と述べています。

　また東京連合婦人会は、こうした直接的な被災者支援の活動とともに、災害時の女性や子どもたちの困難は社会の根底にある問題の解決が必要であるとの認識に立って、児童保護、婦人労働、婦人の地位向上、婦選運動、廃娼運動など、平時から存在する女性問題の解決のための活動を展開しました。直接的な救援・支援活動を超えたこうした活動は、全国的な運動となり、東京連合婦人会はその中心的役割を担いました。

支援活動を通じた被災女性への調査

　さらに東京連合婦人会は、東京市からの依頼を受け、支援活動を通じてさまざまな被災者調査を行いました。

　たとえば 11 月 3 日から開始された「生乳ノ配給状況調査」の乳児に対する調査の事項には、栄養の程度、母乳の有無、配乳後の経過などがあり、調査の結果、栄養不足で救済の必要な乳児は 1 万 2000 人いること、

しかし、生乳は乳児の 21.4% にしか供給できないことが判明、不足量については善後策を検討するという報告がなされました。

　また 11 月 8 日から実施された、生計困難の世帯に対する「配乳スベキ乳児幼児ノ調査」では、乳児に関しては栄養状態、母乳の出否の質問項目があり、その結果、2886 人中栄養不良の乳児は 681 人、母乳の出ない母親は 1427 人で約 50% を占めることが判明しました。［折井・女性の歴史研究会編 2017］

　支援を通じたこのような調査を女性たちが担ったことで、被災者はより安心し、率直に回答することができたでしょうし、またそのことによって支援が改善されたことを考えると、東京連合婦人会が果たした役割はきわめて大きかったと言えます[4]。

　東京連合婦人会の活動は、直接的な被災者支援にとどまりませんでした。一つは矯風会が中心となって進められていた公娼廃止運動をさらに発展させ、全国公娼廃止期成同盟を結成し、全国的な運動の中心となったこと、そしてもう一つは大正デモクラシーのもとで進められていた婦人参政権運動をさらに発展させ、1924 年、婦人参政権獲得期成同盟会を設立し、その中心となったことです。

直接的な支援活動を超えて発展した活動——廃娼運動と婦選運動

　東京連合婦人会の 10 月の第 2 回の会合では、被災者支援だけでなく震災復興に向けても取り組もうということで、12 月に開かれる臨時議会（復興議会）に同会として震災復興に関する建議案を提出することを決定しました。そこでは、住み心地の良い大東京の建設、婦人会館の建設、関東婦

（4）　永原紀子は、関東大震災時のきめ細やかな被災者調査カードと比べると、今日の避難者名簿は極めて不十分であると指摘しています。［折井・女性の歴史研究会編 2017］

人連合会の設立などの意見が出たようです[5]。

　その取り組みの結果、臨時議会に「焼失遊廓再興不許可に関する建議案」が提出されましたが、女性に参政権がなかった時代、議案の提出者となる議員を見つけるのに大変苦労し、ようやく提出者をみつけ、議会にかけられることになりましたが、審議未了となりました。

　こうした経験もあり、婦人参政権運動の重要性が強く認識されるようになり、1924 年 12 月には会の政治部が中心となって婦人参政権獲得期成同盟会が結成され、会は全国的な運動の中心となって活動を展開するに至りました。

　被災者支援に具体的に取り組むなかで、女性たちの被災状況の根底にある問題をつかみ取り、震災以前からあった運動を広げ、全国組織を生み出す原動力となったことは、大震災の歴史を超えて、近代女性史のなかでも特筆すべきことでした。

(2)　横浜連合婦人会の誕生

　東京と並んで壊滅的な被害を受けた横浜でも女性たちが立ち上がり、横浜連合婦人会を結成しました。

　横浜連合婦人会は、1923 年 11 月 25 日、17 団体 36 人の出席のもとに発会しました。参加した女性団体は、仏教婦人会、基督教婦人矯風会横浜支部、横浜基督教女子青年会、桜楓会支部、横浜市女教員会、神奈川県看護

（5）　東京朝日新聞 1923 年 10 月 6 日の記事。［明治大正昭和新聞研究会 1985］同文献には、読売新聞 10 月 12 日付の記事「女性を復興院に参加させよ―山脇房子氏談―」が掲載されており、そこで山脇は、復興院の審議に女性の参画、しかもそのメンバーは、官選ではなく、各婦人会による選出が必要だと主張しています。
　　　なお、山脇房子は教育者で、1903（明治 36）年に夫の山脇玄（げん）と共に實修（じっしゅう）女学校（現・山脇学園）を設立し、初代校長になりました。夫の玄は、1919 年に貴族院本会議で、初めて婦人参政権を主張しました。

図9　横浜市婦人会館

大震災後、活動拠点の必要を痛感した横浜連合婦人会は、婦人会館づくりのために 1924（大正14）年、一口 10 銭の募金を呼びかけた。1927（昭和2）年 5 月開館。

出典：『よこはまを生きる女たち』刊行委員会『よこはまを生きる女たち』横浜市教育委員会婦人会館、1990 年より。

婦連合組合、横浜市産婆会、女学校並びに同窓会などでした ［公財横浜市男女共同参画推進協会 2022；横浜市総務局市史編集室 1993］。

　横浜連合婦人会では、横浜市を 10 区に分け、各区に方面委員[6]を決め、被災市民の調査を実施し、調査の報告カードに応じて調査前後 5 回にわたり、高齢者、子ども、疾病者、困窮者に衣類などの支援物資を配給しました。また、被災によって失業した女性に対して職業紹介、斡旋、就職支援を行うとともに、ネル（フランネル、柔らかく軽い毛織物のこと）を大量購

<hr />

（6）　方面委員とは、1918（大正 7）年の米騒動をきっかけとして、同年大阪市に創設された方面委員制度の委員のことです。方面とは地域のことで、地域ごとに無報酬の委員を置き、地域内の住民の生活状態を調査し、個別救護などにあたりました。第二次世界大戦後の民生委員の前身と言われています。

入し、内職として下着類の縫製や布団の仕立てを依頼し、賃金を支払うなど経済支援を行いました。

当初、母乳不足の乳児に練乳を配布していましたが、かながわ乳児保護協会をつくり、この事業を譲渡しました。また、市内の2つの小学校に対して、会の委員が交代で炊事をして給食を提供、この活動は1924年になっても続きました。さらに、下水の復興が遅れ、市内に疫病が流行した時には、調査を実施し、市衛生課に連絡し、バラック、下水、トイレなどの清掃を実現させました。

横浜連合婦人会の結成に関して、『横浜連合婦人会館史─100年のバトンを受けとる』の解説で江刺昭子は、おおよそ次のように述べています。

　　横浜には明治以来、キリスト教系の女性たちによる横浜婦人慈善会や日本基督教婦人矯風会横浜支部、横浜基督教女子青年会（横浜 YWCA）、実業家の妻たちなどによる横浜将兵義会婦人部、横浜家庭製作品奨励会、愛国婦人会横浜支部など、年齢も階層も宗教的立場も異なる人たちが交流し、協力しあうことでゆるやかなネットワークがつくられていたが、関東大震災で未曽有の危機に直面し、これらの女性団体が一致団結して、それまでの活動の知恵と経験を活かし復興に尽力するなかで、横浜連合婦人会が結成された。キリスト教系の女性団体は東京連合婦人会と共通しているが、社会主義や女性解放の思想を持ったメンバーは含まれず、逆に軍事援護活動を担っていた団体が多かったことが、横浜連合婦人会の特徴である。

(3)　被災地の女性たちの「大同団結」
二つのネットワークの共通点と相違点

東京連合婦人会と横浜連合婦人会という二つのネットワークに共通して

いるのは、キリスト教や仏教などの宗教団体、女学校や同窓会、教師や看護婦、産婆（助産師）といった専門職に従事している女性たちの職業団体、そして多種多様な市民活動団体など、震災前から存在し、それぞれの固有の目的に沿って活動を展開していた女性団体から構成されていることです。

　しかし、東京連合婦人会には女性解放や社会主義を目指していた女性団体が参加していたのに対し、横浜連合婦人会には、そうした団体は見られませんでした。

　両ネットワークの活動は、被災者への直接的支援の内容や支援の方法では多くの共通点がありましたが、東京連合婦人会が被災者への直接的支援を超えた廃娼運動や婦選運動に取り組んだのに対し、横浜連合婦人会にはそのような動きは見られませんでした。

　これは二つのネットワークの大きな相違点です。このことは矯風会横浜支部が、本部が取り組む廃娼運動や女性参政権運動にそれほど熱心ではなかったことも関係していると思われますが、ネットワークを構成する団体の性格の相違にも関係していると思われます。

　甚大な被害を受けた被災地の女性たちは、東京は発災から1か月足らずで、横浜は発災から2か月余りでネットワークを作りあげ、被災者支援に驚異的な力を発揮しました。

　東京連合婦人会の「大同団結」は、羽仁もと子の「理屈なしに実行から始めましょう」の言葉に呼応してつくられたことは前にも述べました。要するに東京連合婦人会の「大同団結」は、それぞれの団体が確固として持っている自分たちの教義や主義主張の相違は相違として認識しつつ、それをひとまず保留しておくことを合意したうえで、一分一秒を争う目前の被災者支援に一致して取り組むという形で実現したものでした。

横浜連合婦人会の「大同団結」

　横浜連合婦人会の「大同団結」はどのようにして実現したのでしょうか。

　『横浜連合婦人会館史—100年のバトンを受けとる』では、横浜の女性たちが宗教や信条の相違を超えて横浜連合婦人会を結成できた要因を、横浜という新興都市がもつ固有の柔軟性にあるとして、おおよそ次のように推測しています。

　　明治から大正の横浜は、実業家が活躍した時代で、海外諸国と渡りあうために商業や経営に関する学問と実践が重要視され、得た利益は社会へ還元し、慈善活動にも役立てることが美徳であるという上流社会の存在があった。また、横浜には皇族や貴族がいなかったこと、開港以来「武士を入れない街」だったことの一方で、キリスト教布教の先進地でもあり、「古い因習にとらわれない開放的な進取の気性、国際性など、開港に始まる歴史の浅い街ならではの横浜らしさ」、「志を同じくするなら、宗教の違いなど気にせずに活動を共にする包容力」が横浜連合婦人会誕生の背景にあった。

　横浜連合婦人会が、経営能力や実務能力に長けていたことは、たとえば、1927（昭和2）年に全国に先駆け、民設民営の婦人会館を独自に建設したことや、実業家の夫や行政との協力関係を取り付け、国内外から調達した資金を原資に、いわゆるソーシャルビジネスを起こしたことからもわかります。そしてそこには、主義主張といった観念的な側面よりも、いかにしたら当面の目的を実現できるのか、その実効性を優先するところからくる言わば実利主義的な柔軟性があったと言えます。この柔軟性が横浜連合婦人会というネットワークを形成する土台にあったことは確かでしょ

う。

　また同会の会長の渡辺たまは、日露戦争当時、愛国婦人会神奈川県支部副部長および赤十字社篤志看護婦会神奈川県副会長を歴任、将兵の送迎や戦地慰問品の募集など「軍国の女性」として活躍する一方で、自らは仏教を信仰しているにもかかわらず、矯風会横浜支部の会員であり、キリスト教の慈善活動に共感を示し、横浜孤児院や横浜保育院を設立したり、女性が職業人として活躍できるように横浜女子商業学校を設立するなど、優れた実業家でもありました。

　言ってみれば渡辺たまは、「横浜らしさ」を体現した女性でした。こうした実利主義的な柔軟性を持ったリーダーの存在もまた、横浜連合婦人会の成立を可能にしたと言えるのかもしれません。

「大同団結」の源泉・シスターフッド

　しかし、二つのネットワークが「大同団結」の結果結成されたのは、もっと深いところに要因があったのではないかと私は考えます。それは、被災者支援の根底に、被災者に対する単なる同情とか憐憫ではなく、それぞれの主義主張や信念、また後に述べるように女性たちの間にも階層間格差があったにもかかわらず、それらを超えて通底する生活者としての思いと当時の社会の中で女性が置かれた状況の共有から生まれるシスターフッドがあったのではないかということです。

　平常時であれ、震災下であれ、人は生きているかぎりその生命を維持するために、飢えをしのぎ、寒さを防ぐための衣類を身に着け、身体を休めるための場所と寝具を必要とします。このことは、思想信条や信奉する宗教が違っていても同じです。ネットワークに参加した女性たちは、生命と生活の営みを直接担う体験を多かれ少なかれ共有していました。この共通体験が土台となり、生命と日常生活が危機にさらされることへの敏感な対

応と相互扶助となって行動に表れたのが、関東大震災での女性たちの動き
でした。

　ネットワークに参加した女性たちにはもう一つの共通体験があります。
それは、当時の社会の中での女性としての体験です。女性たちが置かれた
状況を共有していることから生まれた連帯感、関係性、シスターフッドも
また、宗教や思想信条の違いを超えた協働の根底にありました。

　こうした二つの女性たちの共通体験が、宗教や主義主張、さらには出身
階層の違いを超えた「大同団結」を可能にした根底にあったと考えられま
す。その意味で、関東大震災での女性たちの動きは、なによりも、女性た
ちによる女性たちのための女性たちに関する相互支援であり、典型的な共
助の取り組みだったということができます。

第3章

女性たちのネットワーク・その後

図10　婦人参政権を目指して署名活動をする東京連合婦人会、婦選獲得同盟の人たち

写真所収の朝日新聞フォトアーカイブでは「撮影場所・東京市。撮影日 1928 年 2 月 1 日」。写真タイトル「婦人参政権目指し署名運動」、説明では「昭和 3 年 2 月、「普通選挙は達成した、次は婦人の参政権よ」と街頭で署名集めに活動する東京連合婦人会婦選獲得同盟の人たち」とある。

筆者解説…1925（大正14）年成立の普通選挙法による初の総選挙（2 月 20 日）を目前に控え、東京連合婦人会と婦選獲得同盟が、2 月 1 日、婦選達成婦人委員会を組織。当日、「女性にも選挙権を」と街頭での署名活動を展開した。

写真：日本電報通信社

大規模災害からの復興は長い時間を要します。阪神・淡路大震災の復興
は、30年近く経過した今日でもなお完了したとは言えない状況がみられ
ますし、12年前の東日本大震災にいたっては、今なお全国に約3万人の
避難者が避難生活を余儀なくされています（2023年8月1日現在、復興庁
発表）。それらをはるかに超えた被害があったにもかかわらず、関東大震
災は、発災から7年後の1930（昭和5）年に帝都復興祭が行われ、以後、
被災者支援や復興という言葉は見られなくなりました。

　また、関東大震災ほどの規模ではないにしても、関東大震災後も、大規
模な災害はたびたび発生しました。そうした状況のなかで、関東大震災で
精力的にきめ細やかな被災者支援を担った女性たちは、その後どのような
動きをみせたのでしょうか。

　ここでは、関東大震災で支援活動に携わった女性たちのネットワークの
その後を検証することにします。

1　愛国婦人会──被災者支援の経験を国防に

　前述したように、愛国婦人会は明治時代に軍人救護団体として創設さ
れ、関東大震災では震災救護の担い手として大きな力を発揮しました。愛
国婦人会にとっては、戦争も災害も非常事態であり、傷痍軍人やその遺族
を支援することも被災者支援も一体のものでした。

　関東大震災後、この会は、1930（昭和5）年に創設された大日本連合婦
人会[1]と1932年に創設された大日本国防婦人会[2]とならんで、戦前の日
本の巨大な女性団体として三大婦人会の一翼を担うことになります。とは

言え、愛国婦人会は、一部の上流階級や有産階級の既婚女性を中心とした団体で、大衆性と実動性の点では他の婦人会ほどの力はありませんでした。

　軍国主義化の流れのなかで、20歳以上の全女性を一つの組織に統合する婦人団体統合要綱が閣議決定されると、この三大婦人会を中核として全国の婦人会が統合され、1942（昭和17）年2月に大日本婦人会が発足し、愛国婦人会は解消します。この大日本婦人会は、婦人会でありながら、中央事務局は軍人と男性役人で占められ、第二次世界大戦中は総力戦の重要な支柱となり、最後は1945年6月、本土決戦に備えた国民義勇隊への発展解消という経路をたどりました。

　このような状況下でも、前述した1925年・北但馬地震、1927年・北丹後地震のほか、1930年・北伊豆地震（静岡県伊豆地方）、1944年・東南海地震（紀伊半島南東沖）、1945年・三河地震（愛知県三河湾）など、災害は容赦なく日本を襲いました。

　このうち、1925年の北但馬地震、1927年の北丹後地震、1930年の北伊豆地震では、女性たちの直接的な被災者支援・救護活動がみられました。

　また、1934年の室戸台風による関西風水害では、全関西婦人連合会、東京連合婦人会など多くの女性団体が災害救助・支援にあたりましたが、もっとも精力的かつ大規模に活動したのは国防婦人会でした。それまで国防婦人会は、軍事関連の活動に専念していましたが、この災害で初めて被

（1）　大日本連合婦人会は、1931年に文部省主導のもとで、家庭教育振興を目的として全国の地域婦人会、母の会、主婦会などを統合して創設された団体です。1931年3月6日、東京の日本青年館に3000人の全国代表が集まり発会式が挙行されました。
（2）　大日本国防婦人会は、1932年に軍部の主導のもとに、「日本婦徳を鼓吹（こすい）し、国防について家庭婦人の責任自覚を喚起し、婦人の力で経済困難と思想困難を打破し、戦時には出征軍人、傷痍（しょうい）軍人の家族遺族の援助や戦士慰問等を行う」ことを目的として創設された団体です。

災者救済活動に乗り出し、衣類、寝具、食糧の提供だけでなく、連日会員がトラックに乗り、バケツをもって被災地の後片付けに出動し、清掃や洗濯に取り組みました。以後、国防婦人会は、防空演習、婦人国家総動員演習・国防資源蒐集（収集）運動に励む一方で、災害が発生するたびに精力的に救助・支援活動にあたるようになりました。

藤井忠俊は、関西風水害時の国防婦人会の活動について次のように述べています。

　　この災害における国婦（国防婦人会）会員の動員は、国防資源蒐集運動、防空演習に続く総動員であった。分会という単位を動員単位として指揮系統をもち、一人一人の献身的努力を集積するかたちの総動員実験をおこなったことが、以後の総力戦下銃後の総動員体制のための経験を蓄積したという点で歴史的意味がある。［藤井 1985］

要するに災害時の対応が、戦時下での救護活動の実験、経験になったというわけで、こうして、災害時の対応と戦時下での銃後の対応を一体のものとしてとらえる認識は、女性たちの災害支援の活動のなかに定着していきました。

2　全関西婦人連合会──戦争協力を拒み続けて…

全関西婦人連合会は、関東大震災後も、1925 年の北但馬地震、1927 年の北丹後地震、1934 年の室戸台風による関西風水害など西日本に大きな災害が発生するたびに被災者支援に取り組みました。あわせて、関東大震災前から取り組んでいた婦選運動や婦女児童売買禁止条約・公娼廃止運動

などの活動を、東京連合婦人会とも連携して以前にもまして一層精力的に展開しました。

　文部省が女性団体の組織化に乗り出し、大日本連合婦人会を成立させ、各府県の連合婦人会をこれに組み入れるために動き出した際には、全関西婦人連合会は、「文部省主導の大日本連合婦人会の主旨は昔ながらの家族制度を尊重するもので時代の流れに逆行するもので時代錯誤である」、「全関西婦人連合会の活動は家庭教育、家庭改善だけではない」として、大日本連合婦人会に加盟しないことを毅然として表明しました［石月・大阪女性史研究会 2020］。

　一方でその当時、日本の軍国主義の流れは急速に進みます。満州事変の勃発（1931 年）と「満州国建国宣言」（1932 年）を引き金に、日本は国際連盟を脱退し（1933 年）、日本の国際的孤立が決定的になります。並行して国内では 5.15 事件[3]が起こり（1932 年）、政党政治が終わりを告げ、軍部の政治進出が開始されました。

　そのなかで多くの市民的女性運動が侵略体制に協力するようになり、全関西婦人連合会も、同様の動きをとるようになります。それはたとえば 1937 年の全関西婦人連合会大会の議題のなかに「銃後の奉仕」、「日本の立場と真意を海外に理解せしむる運動」、「日本精神の発揚」などが挙げられたことからもうかがえます。

　1942 年 2 月に結成された大日本婦人会の発起人には全関西婦人連合会の中心的メンバーの恩田和子が入り、審議員には市川房枝、奥むめおなどが名を連ねました。そして、戦争真っただ中の 1944 年、全関西婦人連合

（3）　5.15 事件とは、1932 年 5 月 15 日に、海軍急進派青年将校たちが、首相官邸・日本銀行・警視庁などを襲い、満州国の承認に反対していた首相の犬養毅（いぬかいつよし）を射殺したクーデター事件のことです。11 月 5 日までに全員検挙されましたが、この事件によって政党内閣は終わり、軍部が政治に進出するようになりました。

会は活動を停止し、会員は1週間のうち1日〜2日軍需工場で勤労奉仕をすることを決め、実際に約30名の会員が1年間勤労奉仕にあたりました。

　こうして全関西婦人連合会は解散することなく戦後を迎えて姿を消しました。

　『女性ネットワークの誕生―全関西婦人連合会の成立と活動』の編著者、石月静恵は、こうした関西婦人連合会の意義を、次の3点にまとめています。

1．既存の女性団体のネットワークを作り上げ、女性のニーズを結集したこと。
2．主義主張、宗教を超えて共通できる課題で活動したこと。上位下達でなく横断的な組織、対等な立場で話し合う場となったこと。
3．他団体、他地域、他国への関心を向ける契機となったこと。

また同会の限界として、次の2点を指摘しています。

1．アジアに対する日本の侵略政策に疑問を感じることなく、加害者意識が欠如していたこと。
2．会の活動を担った層は、都市中間層などゆとりある女性たちで、女性労働者への関心は見られたものの、女性労働者の要求や状態の改善に向けた直接の活動にはいたらなかったこと。

　藤目ゆきも、全関西婦人連合会の運動を、中産階級の、言ってみればエリート層の活動の域を出なかったこと、貧困層の女性やアジアの女性たちへの視点、政府の侵略政策を批判する視点、被差別部落への視点が欠如していることが限界であると指摘しています［藤目 1997］。これらの意義と

限界は、全関西婦人連合会だけでなく、当時活躍した他の女性団体や女性たちにも多かれ少なかれ共通していたものと思われます[4]。

3　東京連合婦人会
——軍国主義の流れのなかで変わっていった会の性格

　関東大震災前に設立された愛国婦人会や全関西婦人連合会とは異なり、関東大震災という緊急事態の下で、「大同団結」して救援・支援活動を目的として設立された東京連合婦人会や横浜連合婦人会は、その後どのような経過をたどったのでしょうか。

(1)　変容から解散へ

　東京連合婦人会は、関東大震災の被災者に対する緊急支援活動がひと段落したところで、創立3年目の1926（大正15・昭和元）年、今後の会のあり方や目標について検討しました。その結果、会員を団体のみとし、これまでの各部を廃止して加盟団体の代表2人からなる委員会をつくるという組織の改編を行うこととして、翌1927年に32団体が参加し、新体制をスタートさせました。1923年10月の発会式は42団体でしたから、10団体減少しています。

　会の今後の目的は①婦人の地位向上、②婦人労働問題の解決、③女子教育の発達、④経済思想の涵養、⑤社会福祉の増進、⑥国際友誼（友好）と平和の6項目とされ、以後、関東大震災による被災者の支援はもはや見ら

（4）　当時の進歩的女性たちがアジアの問題や国際問題に対して関心を持たなかったことは、後述する朝鮮人大虐殺に関する女性たちの発言が山川菊栄以外ほとんどみられなかったことからもうかがえます。[鈴木　1989]

れませんでした。

　同会は、1930年11月に静岡県北部と伊豆地方に甚大な被害が出た北伊豆震災に際しては、託児所を設置するなどの支援を行ったり、1934年の室戸台風による関西風水害では学童に学用品を送るなどの支援に取り組みましたが、関東大震災の時のような熱のこもった取り組みではありませんでした。

　一方、矢継ぎ早に進む軍事化の動きに対しては、当初はメンバーが個人として協力していましたが、次第に会として協力するようになり、会の性格は大きく変化していきます。

　1942年2月に大日本婦人会が結成されると、その年の12月、東京連合婦人会は解散し、個人加盟の大東亜生活協会と改組改名し、「大東亜の新事態に即応する家庭生活の樹立に関し、調査研究を行い、その実践を図り、国策に即応する」ことを目的とした団体に変容しました。

　東京連合婦人会が被災者支援の「終了」後も解散せず、存続したのは、被災者支援を通じて全国運動へと発展した廃娼運動と婦選運動をいっそう進めるためでした。しかし結果的には、廃娼運動も婦選運動も軍国主義の流れのなかで目的を達成できないまま立ち消えとなり、1942年、東京連合婦人会は解散します。

　東京連合婦人会がこのような経過をたどったのには、廃娼運動と婦選運動のその後の動きが大きく影響していると思われます。そこで以下、災害支援からは少し離れますが、この二つの運動のその後について見ておきたいと思います。

(2)　廃娼運動――運動内への性別役割分業の導入

　震災前から震災後にいたるまで一貫して廃娼運動に取り組んだのは矯風会でした。廃娼運動は、震災を契機に遊廓の再建を禁止する動きが高ま

り、それまでこの運動に関心を示していなかった人や団体が関心を持つようになり、全国的な運動へと発展しました。

　矯風会は、廃娼運動には政治的な場での取り組みが必要であると認識し、議会への働きかけにも熱心に取り組みましたが、女性に参政権がない状況下では活動に限界があることを痛感し、当初から女性参政権獲得運動に力を入れていました。また、政治の場での廃娼運動には男性の参加が必要であることを実感し、郭清会(かくせいかい)(5)と連携を図るようになり、1926年、郭清会婦人矯風会廃娼連盟ができました。

　しかしこの連合組織には、「矯風会（女性）は兵站部(へいたんぶ)（後方支援を担う部…引用者注）、郭清会（主に男性）は運動と総指揮」というように、性別役割分業が持ち込まれ、矯風会は資金作りに専念することとなりました［楊（ヤン）2005］。廃娼という目的を実現するには女性の政治参画が不可欠であると認識しつつも、女性に参政権がなかったという決定的な制約があったとは言え、実践面では政治参画から自ら退く選択をしたことは、廃娼運動における矯風会の立ち位置を変化させ、廃娼運動そのものに負の作用をもたらしたと私は考えます。

　なお当時、女性たちの間では公娼制度や廃娼運動に取り組む姿勢や娼妓を生み出す社会的背景をめぐって、貞操論争(6)、優生思想をめぐる論争などがあり、廃娼という点では共通していても、郭清会や矯風会の廃娼運動について批判的な女性たちも少なくありませんでした［藤目 1999］。

（5）　郭清会とは、廃娼、売春禁止をキリスト教信仰の立場から運動した団体で、1911年に吉原が全焼した際多くの焼死者を出したのを機に結成されました。創立委員長に江原素六（えばらそろく）、会長に島田金三郎、副会長に安部磯雄、矢島楫子（やじまかじこ）らがいました。郭清会はこの運動をキリスト教全体のものとする一方、全国的な組織として活動しました。
（6）　貞操論争とは、当時の性愛をめぐる論争の一つで、女性は結婚までは性交渉をしてはならない、結婚後は夫以外の男性と性交渉をしてはならないなど、女性に対してのみ貞操を義務付けた性規範をめぐる論争のことです。

1928 年に初の男子普通選挙が実施され、廃娼連盟は中央・地方の議会運動を重視した活動を展開し、その結果、14 県が廃娼を決議するに至りました。しかし一方で、満州事変後は廃娼運動も戦時体制に巻き込まれ、1935 年に国民純潔同盟に改称し、変質していきました。

　矯風会自体は、東北地域の凶作に際して娘身売り防止運動や、救出した娼妓のための慈愛館の運営などに力を注ぎましたが、他の多くの女性団体と同様、1943 年には「大東亜新秩序建設の国策遂行に挺身（ていしん）」することを目的とした活動へ移行、植民地地域にも支部を設けるなど、次第に戦争への協力体制に組み込まれていきました［藤目 1999］。

(3)　婦選運動——生活改善・消費者市民運動へのシフトから体制内への積極的参加へ

　女性参政権運動もまた大きな変化をたどりました。市川房枝や平塚らいてうなどを中心に進められてきた婦人参政権運動は、1919（大正 8）年に新婦人協会を設立して運動を展開、1922 年に治安警察法第 5 条が改正され、女性に集会の参加が認められるようになるなどの成果をもたらしました［鈴木 1989；三井 1963］。

　しかし大部分の政治的権利は依然として女性に認められないままだったことから、この運動は継続されます。1925 年に制定された普通選挙法でも女性の参政権は認められず、女性たちは、それまでの婦人参政権獲得期生同盟会（1924 年結成）を婦選獲得同盟と改称し、女性の参政権を獲得する運動をいっそう強く進めます。

　1928 年以後、婦選獲得同盟は「政治と台所」をキーワードに、生活と政治はつながっているとして、女性への政治教育に力を入れるようになりました。この運動は多くの女性たちに受け入れられ、各地に地方支部がつくられました。

しかし、満州事変や政党内閣崩壊後、軍部の政治進出が進み、婦選の期待が遠のくにつれて婦選運動は「戦術転換」を余儀なくされ、従来の女性参政権獲得のみの路線から、自治体行政に目を向け、東京市政に対するガス料金値下げ運動、ごみ問題、卸売市場の問題など、生活改善・消費者市民運動へと運動をシフトさせました。

(4)　「戦術転換」──女性参政権の獲得のために選んだ道とは

　普通選挙法制定後、政党政治が全盛になるに従い、投票買収などの選挙制度の腐敗と政界汚職が目立つようになったことから、これをなくすことを目的として、選挙を粛正する運動（選挙粛正運動）が官民の両方から生まれました。東京連合婦人会や婦選獲得同盟のリーダーの女性たちは、選挙粛正運動は女性参政権運動とつながっていると考え、1933 年に東京婦人市政浄化連盟、1937 年には東京愛市連盟[7]婦人部や東京婦人愛市協会を設立してこの運動に積極的にかかわるようになりました。［東京都立教育研究所編　1997；三井　1963］。

　しかしながら、選挙粛正運動は、次第に政党政治を批判する方向へと向かうようになりました。また同時に、選挙粛正委員会が各道府県につくられ、知事が会長となり地方有力者を委員に任命するなど、この運動は、在郷軍人会、青年団、部落会・町会・婦人会を組み込んだ官民合同の強力な組織的・全国的運動になりました。

　その結果この運動は、その後の国民精神総動員運動と翼賛選挙へ繋がる下地となり、戦時協力体制を構築する推進力となっていきました。この流

（7）　東京愛市連盟とは、1937 年に設立された、選挙粛正運動と密接な連携のもとに展開された愛市運動の運動母体で、東京愛市連盟婦人部が解散後、東京市との関係を引き継ぐ形で東京婦人愛市協会が設立されました。また、愛市運動は東京だけでなく、全国の多くの自治体で展開されました。

れに巻き込まれた婦選運動は、戦争遂行の国策に協力することで女性の政治的地位向上を目指したのですが、結果として戦争協力の道を歩むことになりました。

1940年9月、婦選獲得同盟は解散し、前年に発会した婦人時局研究会（幹事は市川房枝）に合流します。そして10月に大政翼賛会が創立されると翼賛運動への積極的参加を表明し、最終的には婦人参政権運動団体は大日本婦人会へ統合され、総動員体制に組み込まれていきました。

廃娼運動や婦選獲得運動は、自ら望んで戦争協力の道に進んだわけではありません。当時の状況下でそれらの運動を進めるためのやむを得ない選択だったのだと思います。しかし、そのような選択は、運動そのものの変容をもたらし、結果として運動の挫折を招きました。

このような選択にいたった要因については、第5節で述べたいと思います。

4　横浜連合婦人会──「日本の婦徳」を受け入れた組織へ

1931年に大日本連合婦人会が設立されると、全国の地域婦人団体は次々とその傘下に収められていくわけですが、自主的な地域の婦人団体のなかには、流れに抗した団体も少なくありませんでした。全関西婦人連合会は反対を表明しましたし、東京連合婦人会も批判的な態度をとりました。横浜連合婦人会も当初はなんとか抵抗を示しました。

しかし時勢が進み、どうにも抵抗しきれなくなると、横浜連合婦人会は、1936年5月、会の事務の一切を横浜市教育会に移すこととし、解散式を挙行しました。この日を境に横浜連合婦人会は横浜市連合婦人会になりました。

二つの会の構成員はほぼ同じでしたが、「目的及び事業」はかなり違います。横浜連合婦人会の目的は「婦女子たるの美徳を発揮し男女共存の健全なる社会を建設する」でしたが、横浜市連合婦人会は「日本婦徳の発揚に資する」ことのみを目的に掲げました。「日本婦徳」とは、「家庭を整え、子女の教育のために己の一身を捧げ、身を粉にして働き、日夜孜孜として（＝熱心に…引用者注）不言実行に努める。家を守る日本婦人は、その家庭を守ることそれ自らが世界に比なき日本婦徳である。世界の何れの国の婦人にも見られない最高の婦人道徳である。」［千野編 1996］ということであり、横浜連合婦人会の目的とは明らかに異なるものでした。

事業内容も後者には「婦人の修養」が入り、大日本連合婦人会の目的に沿う内容になりました。以後、横浜市連合婦人会は、国民精神総動員運動に積極的に参加するようになり、1941 年には役員のほとんどが市の男性職員になりました。そして 1942 年に大日本婦人会が結成されると、他の既存の女性団体と同様、横浜市連合婦人会も解散し、これに合流しました。

こうしてみると、横浜連合婦人会の設立者たちが組織を丸ごと横浜市へ移管したのは、ことの成り行きを予想した設立者たちのせめてもの抵抗の形だったのかもしれません。

5　被災地の女性ネットワークの意義と限界

関東大震災における未曽有の被害を目の前にして、被災者支援に取り組むために「大同団結」して生まれた東京連合婦人会と横浜連合婦人会は、こうして所期の目的を遂行する途上で、時流に飲み込まれた末に解散します。とは言えこれまで見てきたように、この二つのネットワークには大き

な意義がありました。

　それは、第一に、被災者のニーズに沿ったきめ細やかな被災者支援を展開したこと、第二は、主義主張、宗教を超えて、宗教、教育分野、専門職、市民運動など、多様な分野の女性団体のネットワークを作りあげたこと、そして第三は、東京連合婦人会については、単に被災者支援にとどまらず、その奥底に存在する平時からあった女性問題へと運動を発展させたことです。

　しかしながら他方で、東京と横浜のネットワークは、大きな限界を持っていたことも指摘しておかなければなりません。まず指摘しなければならないのは、石月静恵や藤目ゆきが全関西婦人連合会の限界として挙げた点とも重なりますが、次の二つの点です。

1．国際的連帯の視点、とくにアジアに対する視点の欠如。関連して、日本の侵略政策に疑問を感じることなく、侵略国としての加害者意識が欠如していたこと。
2．会の活動を中心的に担った層は、都市中間層などゆとりある女性たちで、廃娼運動には熱心だったものの、女工問題など、日常的に貧困と困難を抱えた最底辺層に置かれた女性たちによりそった直接的な活動にはいたらなかったこと。

　それに加えて、以下の2点を限界としてあげたいと思います。

　一つは、ネットワーク形成の契機となり、自らが全力を挙げて取り組んだ災害被災者支援の本質を見極めることができなかったことです。関東大震災では、今日から見ても先進的な被災者支援が実施されました。しかしこれが教訓として記録され、後世に伝えられることはありませんでした。それは自らが取り組んだ支援活動の重要性が認識されていなかったからな

のではないかと思われます。

　災害被災者支援の本質とは、福田徳三が提唱した「人間の復興」のこと
です。この「人間」の中に女性も含まれていたことは、彼の男女別の失業
調査とその結果から女性失業者に対して固有の政策提案をしていることか
らも見て取ることができます。福田は、こうした理論を提唱するだけでな
く被災者支援の実践にも尽力しましたが、研究と活動半ばにして、震災か
ら 7 年後の 1930 年に亡くなりました。生きていれば、その後の被災者支
援と震災復興に関する政策提言にどのような影響を与えたのかと思うと残
念です。

　「人間の復興」の視点は突き詰めれば、災害においてもっとも大きな被
害を受ける社会的に弱い立場に置かれた人たちへの視点のことです。この
視点をしっかり持っていれば、少なくともあれだけの被害を出した大震災
に対する支援活動をたかだか 4 年で「ひとまず終了した」とすることはな
かったでしょうし、少なくとも復興から取り残された人たちへの支援活動
は継続されたのではないかと思われます。また、政府の復興に対する消極
的な姿勢にも声を上げることができたかもしれません。

　もう一つは、この二つの運動には、政治と意思決定における参画に関す
る認識に甘さがあったことです。それは、廃娼運動では意思決定から身を
引く性別役割分業の導入を受け入れたことに表れていますし、婦選運動で
は国や自治体など権力を持った組織への参加を自己目的化し、そのことに
よって権力に取り込まれ、利用されることへの自覚が弱かったことに表れ
ています。

　婦選運動では、婦選の期待が遠のくにつれて「戦術転換」を余儀なくさ
れ、従来の女性参政権獲得一筋という路線から、自治体行政に目を向ける
と同時に、生活改善・消費者市民運動へと運動をシフトさせました。地方
自治体に対する取り組みや生活者運動、市民運動に力を入れることは極め

て重要なことです。しかしこれらの運動を通じて自治体組織への参画を進めたことが、次第に体制に取り込まれていくきっかけの一つとなりました。このことについては、権力側の組織への参加＝女性の社会進出と捉え、参画した場で闘うことの重要性に対する認識の弱さなど、さらに考えなければならないことがあると思われます。この点に関しては関東大震災の女性たちの動きを今日に生かすべき課題として、第5章で改めて考えたいと思います。

第4章

知らなければならないこと

——関東大震災の事実を掘り起こす

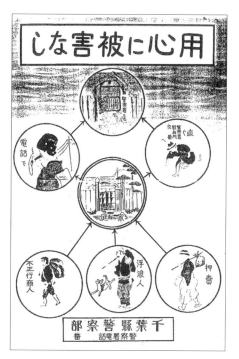

図11　県民に用心を呼びかける「不正行商人」のポスター

下の右の円「押売」、中「浮浪人」、左「不正行商人」とある。このような人が家庭に来たら、「直ぐに警察署・駐在所・交番」、または「電話で」警察署へ、と注意喚起している。

出典：辻野弥生『福田村事件—関東大震災・知られざる悲劇』五月書房新社、2023年、135ページより。

関東大震災で女性たちがどのような状況に置かれ、どのように行動した
のかということは、これまであまり伝えられてきませんでした。しかし、
伝えられてこなかったのは、女性たちの動きだけではありません。そして
伝えられてこなかったことのなかにも、私たちが知っておかなければなら
ないことがあります。

　関東大震災では、震災と火災による被害に加え、流言・デマとそれを
きっかけとした大量虐殺事件が発生しました。ここにも貴重な教訓があり
ます。また、社会全体が戦争への道を進んでいく中で、大震災の経験と教
訓がどのように受け止められ、その後の災害に生かされたのかということ
についても知る必要があります。

　本章では、関東大震災のこうしたことに、目を向けたいと思います。

1　震災・火災だけではない関東大震災の被害
──流言・デマと虐殺事件

(1)　被災者を恐怖に陥れた流言・デマ

　関東大震災を生き延びた被災地の女性たちの多くが、もっとも恐ろしかっ
た記憶としてあげていたのは、「朝鮮人による放火、掠奪、投毒、殺人、強姦
が横行している」という流言・デマでした。フェリス和英女学校の学生の作
文集や聖母の園老人ホームの聞き書き集、さらには当時の小学生の作文集[1]

（1）［琴秉洞（クム・ヒョンドン）編 1989］には横浜市寿小学校児童の作文が掲載さ
　　れています。［東京市学務課編 2022］は、当時の小学生の作文の中から主として流
　　言・デマに触れた作文を集め、まとめたものです。これらからも多くの小学生がこ

には、この流言・デマに関する記述が多数でてきます。

　この流言・デマは、発災直後の被災地から始まり、被災者が避難していった周辺の地域に急速に広がりました。当時は、ラジオ放送も始まっておらず（ラジオ放送の開始は 1925 年）、唯一のメディアだった新聞は、新聞社自体が被災したことから、発災直後はほとんど発行されませんでした（報知新聞は 9 月 3 日から、東京日日新聞は 9 月 6 日から発行を再開）。発行が再開されてからの新聞にはデマをうのみにした記事も掲載されました。

　流言を信じた被災地の人たちは不安と恐怖に襲われ、各地域で自警団[2]を組織し、竹槍や日本刀、銃などで武装し、いたるところで、朝鮮人とみなすと迫害、虐殺に及びました。虐殺は自警団だけでなく、警察や戒厳令によって出動した軍隊によっても行われました。殺害された朝鮮人犠牲者の数の正確な記録はありませんが、中央防災会議の「災害教訓の継承に関する専門調査会」の報告書では大震災の犠牲者数（約 10 万 5 千人）の 1 〜数 % に及ぶと書かれています。

　作家の保阪正康は、日本経済新聞 2014 年 5 月 4 日付の新聞に、彼の父親のことを次のように述懐しています。

　　私の父は関東大震災当時、横浜の 13 歳の中学生だった。がれきの下敷きになった中国人が「水をください」と懇願していたので、水をやろうとしたところ、自警団の男たちに「なんでこんなやつに水をやる」と

───────────────

のデマと虐殺事件を見聞したことがわかります。
（2）　自警団とは、火災・盗難などから自分たちを守るために組織された民間の警備団体のことで、各町村の青年団、在郷軍人会、消防組によって構成されていました。関東大震災時に一般市民によって組織された自警団は、東京では 1593、関東各県を含めると 3689 もつくられました［山田 2011］。その多くは、警察に促されて組織されたものでした。

棒で殴打され、右耳が聞こえなくなった。その中国人は父の目の前で惨殺された。父は余命幾ばくもないときに初めてこの話をしてくれた。「人間は信用できない、怖い」と、震災以来、横浜には一度も足を踏み入れずに亡くなった。

　また、随筆家だった故岡本文弥は、関東大震災について「地震は怖い。それ以上に火災が怖い。震災よりも火災よりも、流言飛語、それに盲動する社会がいっそう怖いことをしみじみと体験した」という言葉を残しています［毎日新聞 1984］。

　これらの証言から、震災と火災の大混乱に乗じて発生したこの流言・デマとそれを引き金にして発生した痛ましい虐殺事件が、被災によって心身ともに痛手を負った被災者の間に強烈なパニックを引き起こし、女性や子どもだけでなく、多くの被災者たちを苦しめたことがわかります。

　被災地でデマが急速に広がったのは、正確な情報の圧倒的な不足があったからでした。

　しかしもう一つ重要な要因があって、それは国が果たした役割です。流言・デマが広まりつつあるなかで、9月2日の午後には内閣府によって戒厳令が東京市とその周辺に発令され、政府も一時はデマを事実として扱い、3日には内務省警保局長から各地方長官宛に「朝鮮人が震災を利用して不逞を働いている。東京府下には戒厳令を施行した。各地でも朝鮮人の行動に対して厳密な取り締まりをしてもらいたい」という主旨の電文が発信されました［土田 2023］。

(2)　朝鮮人がデマと虐殺の対象になった背景

　朝鮮人がデマと虐殺の対象となった理由を理解するには、当時の歴史を知る必要があります。日本は、1910（明治43）年の「日韓併合」で朝鮮を植民地として以降、朝鮮人に対する民族差別が常態化するようになりました。また、「日韓併合」以降、多くの朝鮮人が日本で働くようになり、1920年の国勢調査によると約4万人の朝鮮人が日本に居住し、その9割近くが男性で、彼らの多くは低賃金かつ劣悪な労働条件のもとで工場労働や土木労働に携わっていました［金（キム）2014］。

　朝鮮人の間には当然のことながら、日本の植民地支配からの独立を求める運動が生まれ、1919年3月1日にはソウルで大きなデモ行進が行われました（「3.1運動」）。日本国内でも、社会主義者や進歩的な人たちの間に、朝鮮人と連帯し、独立運動を支持する運動が広がりました。こうした動きに対して、これらを弾圧する権力側の動きが強まり、朝鮮人や社会主義者は社会秩序を破壊する者として弾圧されると同時に、彼らに対する差別・偏見意識が助長されていきました。関東大震災で朝鮮人および社会主義者を対象としたデマが拡大され、痛ましい虐殺事件が生み出された背景にはこうした状況がありました。

　迫害・虐殺の対象とされた朝鮮人の恐怖は、震災にあった日本人の恐怖以上だったに違いありません。虐殺を恐れて東京から避難してきた朝鮮人が、恐怖にかられた日本人に虐殺される。デマがもたらした残虐かつ悲劇的な犯罪です。後になって東京、神奈川、埼玉などの各地には、虐殺された朝鮮人の慰霊碑が建てられ、今も慰霊・追悼の催しが開催されているところが少なくありません。残虐な犯罪が引き起こされたという事実は、人の記憶や資料、文献の中だけでなく、地域に建てられた慰霊碑に今も残っています。

(3)　流言・デマと虐殺事件の根底にあった差別意識──福田村事件を例に

　虐殺されたのは朝鮮人だけではありませんでした。朝鮮人と誤認された200人を超える中国人や数十人の日本人が殺害される事件も発生しました。朝鮮人と誤認された要因の大半は、発語があいまいだったことで、そのため、地方出身者や聴覚障がい者の日本人も虐殺事件の犠牲になりました［小薗 2014］。日本人が被害者となった事件に、沖縄・秋田・三重出身者が犠牲となった検見川事件や、香川出身の9人が犠牲となった福田村事件があります。ここでは福田村事件を紹介します。

　福田村事件は、9月6日、千葉県の福田村（現在の千葉県野田市）で起きました。香川県から訪れた薬売りの行商（店を構えず、商品を持ち歩いて販売すること）の一行15人が、村の神社で休憩していたところ、地元の自警団から、受け答えが香川の方言で聞き取れなかったことから朝鮮人と疑われ、15人のうち2歳、4歳、6歳の幼児と妊婦を含む9人が殺害され、遺体は利根川に流されました。

　この事件は長い間語られることがありませんでしたが、1980年代に香川県内で真相解明の動きが起こり、事件から半世紀以上も経ってから新聞などで取り上げられるようになりました［石井 1986；辻野 2023；千葉県における関東大震災と朝鮮人犠牲者追悼・調査実行委員会 1983］。2003年に犠牲者の追悼慰霊碑が野田市の事件現場近くの霊園内に建立されて以降、毎年追悼式が開催されています。

　この事件の根底には根深い差別意識がありました。一つは前述した民族的な差別意識です。震災当時には、朝鮮人に対する虐殺を愛国心から生まれた行為として正当化する風潮さえあり、福田村事件の犠牲者は実際は日本人だったのですが、村では愛国心のなせる行為として、罪に問われた自警団を擁護・支援する動きがありました。殺害を主導した自警団員8人はその後の裁判で有罪になりましたが、確定判決から2年半後、昭和天皇の

即位による恩赦で釈放されました。

　二つ目は、職業差別です。当時は、行商という職業に対する差別意識が一部にあり、「用心に被害なし」「押売、浮浪人、不正行商人を見かけたらすぐ通報」と書かれた防犯ポスター（図11）が掲示され、偏見が助長され、自警団の暴発に拍車をかけたと思われます。

　そして三つ目は被差別部落に対する差別です。犠牲者は香川県内の被差別部落出身者でした。加害者はこのことを知らなかったでしょうが、妊婦や乳幼児を伴い、家族で香川から遠く離れた関東にまで行商に出かけてきた背景には、当時厳しい部落差別があったことと無関係ではありません。

(4)　今も多発するヘイトクライム

　存在そのものが脅威であるかのようなメッセージはそれ自体デマです。こうしたデマを助長し、非道な虐殺をもたらした背景には、複合的に絡み合った差別・偏見が存在しています。100年が経過し、基本的人権が憲法で保障される今日でも、日本にはヘイトスピーチやヘイトクライムなど、差別や偏見、ホームレスや障がいを持った人に対する殺人事件が厳然として存在しています[3]。

　2021年には、神奈川県川崎市の在日韓国人に対して「死ね死ね死ね…」と書かれた脅迫物が送付された事件、愛知県の韓国民団・愛知県本部と名古屋韓国学校放火事件、京都府の在日の人たちが住む地区の民家放火事件などが発生しました。

　2016年にはヘイトスピーチ解消法（「本邦外出身者に対する不当な差別的言動の解消に向けた取組の推進に関する法律」）や、自治体レベルでヘイトス

（3）「ヘイトスピーチ」（憎悪表現）とは、人種、出身国、民族、宗教、LGBT、性別、容姿、障がいなどを理由に、個人や集団を攻撃、脅迫、侮辱する発言や言動のこと、ヘイトクライムとは、そのような憎悪や偏見にもとづく犯罪のことです。

ピーチ対策を含む条例が制定されてきましたが、ネット上の差別的言動やデマの書き込みによるヘイトスピーチは後を絶たず、これに影響を受けて引き起こされた深刻なヘイトクライムが多発しています。このほか、2016年に神奈川県立の知的障害者福祉施設「津久井やまゆり園」で発生した、大量殺人事件もヘイトクライムの典型的なケースです。

　こうした状況を見ると、災害時の流言・デマがはらむ危うさは決して過去の話ではありません。平常時に限らず、差別や偏見、「よそ者」を排除・排斥する意識が災害時に何をもたらすのか、私たちは今一度歴史から学ぶ必要があります。

(5)　デマと虐殺事件に潜むジェンダー

　これまであまり注目されてきませんでしたが、デマと朝鮮人大量虐殺事件にはジェンダーが絡んだ問題が潜んでいることも忘れることはできません。当時のデマのなかに「朝鮮人男性による日本人女性に対する強姦」が入っていることについて、金富子は、「女性の身体はその民族の男性の所有物であるというナショナリズムと家父長意識が複合的に働くために、他民族男性による自民族女性への強姦はこれを刺激する。しかもその他民族男性とは蔑視すべき「不逞鮮人[4]」であったため、より激烈になったと考えられる」[金 2014] として、「強姦」のデマは、虐殺事件の加害男性の虐殺心理を駆り立てた原動力の一つとなったと指摘しています。

　また、朝鮮人虐殺を実際に目撃した人々の証言を集めた西崎雅夫の証言集には、朝鮮人女性に対する性暴力や妊婦に対する殺害があったという証

（4）「不逞鮮人」とは戦前の日本で、韓国併合後の日本政府に不満を持つ朝鮮出身者や、朝鮮独立運動家に対して用いられた、「無法で不従順な朝鮮人」という意味の差別語です。

言が掲載されています。[西崎 2020][5]

　性暴力は、女性の身体を男性の所有物ととらえる家父長的な観念と結びついていると同時に、民族差別と加害者の暴力性を助長したという金の指摘は、国際平和が脅かされている今日の状況下でも戦時性暴力が後を絶たないことをみても、見過ごしてはならない今日的な重大問題です。

(6)　震災を政治的に利用した弾圧事件とその背景——亀戸事件・甘粕事件

　当時の虐殺事件には、もう一つ、震災を政治に利用した弾圧事件がありました。その代表的なものは、社会主義者や労働運動家に対する虐殺事件（亀戸事件）と、無政府主義者の大杉栄と伊藤野枝および大杉の甥に対する殺害事件（甘粕事件）です。

　亀戸事件とは、震災から 2 日後の 9 月 3 日に、東京・亀戸で起きた事件です。震災の混乱に乗じて労働組合の幹部だった川合義虎など 10 人が警察に捕らえられ、翌 4 日にかけて陸軍によって殺害されました。

　これは革命的労働運動の拠点であった南葛飾地方の労働運動の弾圧をはかったもので、警察は当初この事件を発表せず、事件発生の 1 か月後になってようやく事実を認めました。遺族・犠牲者の友人・関係者らによる糾弾活動が行われましたが、戒厳令下で陸軍の罪は問われず、無罪となりました。

　甘粕事件とは、震災後の 9 月 16 日、無政府主義者の大杉栄とその妻の伊藤野枝、大杉の甥の橘宗一（6 歳）の 3 人が甘粕憲兵大尉によって逮捕され、東京憲兵隊本部に連行されて、3 人とも絞殺され、遺体が本部内の井戸に遺棄された事件のことです。主犯の甘粕は軍法会議で懲役 10 年の

（5）　証言の中には「腹を割かれた妊婦の死体と、陰部へ竹の棒を刺された女性の死体があった」「知り合いの奥さんが雑木林で凌辱され、殺害された」などがありました。

判決を受けましたが、1926 年に釈放されました。

　こうした事件が起きた背景には当時の社会状況があります。当時は大正デモクラシーの最盛期で、民主主義的な運動が活発化している時期でした。労働運動や日本人と朝鮮人労働者の連帯運動も盛んでした。その一方で日本では、原 敬 首相の暗殺や第一次世界大戦後の恐慌から社会体制が不安定となっていた時期でもあり、米騒動などの社会運動に対する取り締まりが強化されつつありました。

　とくに社会主義者・共産主義者に対する弾圧は激しく、1922 年に非合法組織として創立された日本共産党の構成員に対する弾圧・検挙も多発していました。亀戸事件や甘粕事件はこうしたなかで震災を口実に引き起こされた事件でした。

(7)　注意すべき災害時の情報の発信・受信

　関東大震災で多くの虐殺事件を引き起こした要因として一般にあげられるのは、情報の不足による流言・デマの蔓延です。地域全体が強度のパニック状態にあり、しかも情報がなかなか得られないときに、危険がさし迫っているという情報を耳にすれば、それを信じこみ、見境なく身を守ろうとするのはある意味で必然です。しかも国や新聞からも同じような情報が発信されたとなればなおさらでしょう。

　しかし、情報過多の現在も、匿名性と大衆性をもった SNS などによって悪質なデマが戦前以上の速度で広範囲に拡散し、残虐な事件が発生することは十分考えられます[6]。

---

[6]　実際、2011 年の東日本大震災では「外国人の窃盗団がいる」、2016 年の熊本地震では「動物園からライオンが逃げた」などのデマが SNS で拡散したり、2022 年の台風 15 号による静岡県の豪雨水害では画像生成 AI を用いたフェイク画像が出回りました。（朝日新聞 2023 年 9 月 1 日付記事）

災害時の情報のあり方は今後の重要な課題の一つで、国や自治体の行政機関やメディア側の情報の精査と発信のあり方はもちろん、私たち自身の情報の受け止め方と発信のあり方に関しても、情報リテラシーの課題として受けとめなければならない教訓です。そして時には、何らかの目的のために意図的に誤った情報が流され、デマが利用されることもあるのだということを、忘れてはならないでしょう。

2　「関東大震災の奇跡」──地域住民による消火活動

(1)　神田和泉町・佐久間町の教訓

　災害の教訓もまた、ゆがめられ、本来の教訓とは異なった意味で伝えられ、利用されることがあります。

　「関東大震災の奇跡」と呼ばれる有名な話があります。9月1、2日の火災で東京中心部はほとんどが焼け野原になりましたが、そのなかでくっきりと焼け残った町があって、それが神田和泉町・佐久間町（現在の東京・千代田区）でした（本扉の裏ページの地図参照）。JR秋葉原駅からほど近いところにある和泉公園に「防火守護地」という碑が建っていて、その碑には「この付近一帯は大正12年9月1日関東大震災のときに町の人が一致協力して防火に努めたので出火をまぬかれました。」と刻まれています。

　そのあたりは江戸時代から、材木などが陸揚げされて流通する拠点地域で、大正時代にも商人の家や下町独特の長屋などがあった住宅密集地でした。しかし材木小屋が火災の火元になることが多く、江戸時代から火災がしばしば発生する地域でもあり、地元の人々は日ごろから防火に努め、防火訓練を行っていました。

　関東大震災ではいたるところから火災が発生し、9月1日の昼過ぎには

佐久間町にも火が迫りました。人々は逃げる準備を始めましたが、町の
リーダーは逃げずに消火活動をするよう呼びかけました。そこで住民たち
は身体の不自由な人や子ども、高齢者を上野公園へ避難させ、近くの貯水
所や神田川から水を汲み上げ、バケツリレーで火が付いた家を次々と消火
していきました。

　消火活動には女性も参加しました。またポンプを製作する会社からポン
プを借りて放水したり、延焼を防ぐために住宅を壊したりもしました。し
かし、こうした活動を一晩中続けても火災は収まらず、夜が明けるとつい
に佐久間町の中心にある佐久間小学校の校舎が燃え始めました。住民たち
はあきらめかけましたが、その小学校の卒業生たちがバケツリレーで懸命
に消火を始めた様子を見て奮起し、消火に努めた結果、2日の夕方には鎮
火しました。翌3日、東京を焼き尽くした火災がようやく鎮まったとき、
神田和泉町・佐久間町とその他のわずかな地域だけが焼け残っていたとい
うわけです［吉村 2004］。

　今日この話は、平時からの火災訓練と地域のつながり、地域防災、共助
の好事例として語られています。2009年に出された「中央防災会議　災
害教訓の継承に関する専門調査会の報告書」のコラムでは、住民たちの消
火活動が功を奏した背景には、貯水所や神田川という水利、ポンプ製造工
場の存在、さらには南側が神田川、北東方面は不燃建造物に囲まれていた
という地理的・ハード的条件があったことも重要だと指摘されています
［中央防災会議　災害教訓の継承に関する専門調査会 2009］。

　それに加えて、江戸時代の体験や教訓を伝え続け、地域消火に生かした
こと、障がいを持った人たちや高齢者、子どもなど避難困難者をまずは優
先的に安全な場所に避難させたこと、消火活動に携わった人たちの退避の
道を確保したうえでの活動だったこと、つまり住民の生命と安全を優先さ
せたうえでの取り組みだったことも教訓としては重要です。

(2)　ゆがめられた「教訓」——国家総動員に使われ始めた地域防災

　神田和泉町・佐久間町の話は、1937年の防空法⁽⁷⁾制定以降、戦時下の防空消火の模範としてたびたび取りあげられるようになりました。

　たとえば東京市の広報では1942年以降、東京市（1943年からは東京都）の防空啓発の中で繰り返しこの話が紹介され、そこで強調されたのは「我等の帝都は我等で死守する」「決死の覚悟」「一致団結」（国民的総動員）ということでした。またこの話は、1943年の初等科修身（小学校4年生）用の国定教科書に「焼けなかった町」として登場し、教員用指導書では、この話では「自分のまちを護るという功利的な観念」ではなく、「国民的自覚」「億兆一心という大義」⁽⁸⁾という国民精神を教えることが重要とされています［吉川 2023］。

　1943年は、関東大震災から20年という節目の年でしたが、9月1日の震災記念日では、大震災は空襲と強く結びつけられ、大震災を教訓として空襲に備え、大震災のような惨禍を繰り返してはならないとする主張が展開されました。

　神田和泉町・佐久間町の教訓は「住民の安全と生命を優先させた地域による消火活動」から「逃げるな、火を消せ」のスローガンのもと、「国益を優先させた防空消火活動」へと変容され、戦争への準備と総力戦で戦争を遂行する目的に利用されていったわけです［土田 2017］。

（7）　防空法は、戦時などの航空機の来襲（空襲）によって生じる危害を防ぎ、被害を軽減する目的で制定された法律で、1946年1月に廃止されました。

（8）　「億兆一心」とは「教育勅語」に出てくる言葉で、「臣民（国民）が心を一つにする」という意味です。

3 戦時下の災害対応

(1) 報道されなかった被害状況・布かれた箝口令

　戦時下でも1942（昭和17）年8月に発生した周防灘台風（死者・行方不明者1158人）、1943（昭和18）年9月に発生した鳥取地震（M7.2、死者1083人）、1944（昭和19）年12月に発生した東南海地震（M8.2、死者・行方不明者1223人）、1945（昭和20）年1月に発生した三河地震（M6.8、死者2306人、行方不明者1126人）など、大規模災害が頻繁に発生しました。

　東南海地震は、紀伊半島東部の熊野灘を震源としたM8.2の巨大地震でした。被災地の愛知県には多数の軍需工場があり、「零戦」と呼ばれた戦闘機の製造工場などが倒壊し、多くの犠牲者がでました。戦時中の学徒動員で働いていた中学生約160人も犠牲になりました。

　しかし、当時は第2次世界大戦の真っただ中で、軍需工場の被害状況などの情報が連合国側に漏れることを恐れた軍部は、大規模な報道管制を布きました。その結果、東南海地震では甚大な被害が出たにもかかわらず、発災翌日の12月8日の各紙の1面トップは昭和天皇の大きな肖像写真と戦意高揚の文章で占められ、地震については3面にわずか数行の記事があるだけで、具体的な被害状況は掲載されませんでした［木村 2014］。

　そればかりか、被災した住民や飛行機工場に動員されていた学徒たちには、被害を口外することが禁じられました。そのため、被災地は孤立無援状態に置かれ、十分な支援も届かず、被災者を一層苦しめました［中央防災会議　災害教訓の継承に関する専門調査会 2009；毎日放送 2021］。

(2)　天気予報も軍事機密──防災・被災者支援を妨げた報道規制

　戦時下では被害状況だけでなく、地震学者や気象台関係者による調査資料も極秘とされました。真珠湾攻撃があった1941年12月8日、中央気象台（今の気象庁の前身）は、陸海軍から「18時より全国に気象報道管制を実施すべし」という命令を受け、戦時下では気象情報は作戦遂行上、重要な軍事機密とされ、公表が禁じられました[9]。

　榎澤幸弘は、「日本が英米と開戦した1941年12月8日以降、天気予報も軍事機密とされラジオや新聞から天気予報が消えた（ラジオでの天気予報再開は1945年8月22日）」と述べています［清末ほか 2017］。台風が差し迫っているという情報がなければ私たちは台風に備えることもできませんし、被害が出たことが知らされなければ、支援をすることも支援を受けることもできません。

　戦時下では、国家の利益と機密保持が最重要課題とされる一方、人命や災害救助は後回しにされただけでなく、生活を維持するのに必要な情報すら国民に知らされなかったということです。

　戦時下の災害では、必要な情報が共有されなかっただけでなく、防災対策や救援・救護対策はほとんどとられず、関東大震災の教訓が生かされたとは言えない状況でした。戦時下で発生した台風や大地震で死者・行方不明者が1000人を超える犠牲者がでたのは、災害の規模の大きさだけではなく、情報が隠されたこととも無関係ではありません。その意味では、戦争は自然災害の被害を肥大化させる人災を必然的にもたらしたと言うことができるでしょう。

（9）　朝日新聞2020年8月22日「社説」より。

第５章

100 年後の今、関東大震災の女性たちから学ぶ

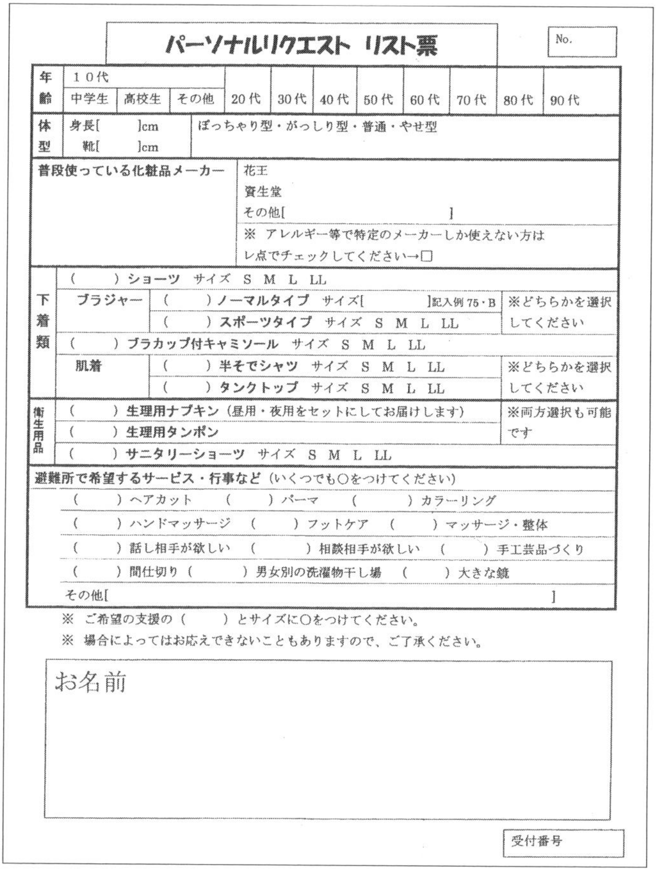

パーソナルリクエスト リスト票

No.

年齢	１０代			20 代	30 代	40 代	50 代	60 代	70 代	80 代	90 代
	中学生	高校生	その他								

体型	
身長[　　]cm 靴[　　]cm	ぽっちゃり型・がっしり型・普通・やせ型

普段使っている化粧品メーカー	花王 資生堂 その他[　　] ※ アレルギー等で特定のメーカーしか使えない方は レ点でチェックしてください→□

下着類			
	(　　) ショーツ　サイズ　S　M　L　LL		
	ブラジャー	(　　) ノーマルタイプ　サイズ[　　]記入例 75・B	※どちらかを選択してください
		(　　) スポーツタイプ　サイズ　S　M　L　LL	
	(　　) ブラカップ付キャミソール　サイズ　S　M　L　LL		
	肌着	(　　) 半そでシャツ　サイズ　S　M　L　LL	※どちらかを選択してください
		(　　) タンクトップ　サイズ　S　M　L　LL	

衛生用品		
	(　　) 生理用ナプキン（昼用・夜用をセットにしてお届けします）	※両方選択も可能です
	(　　) 生理用タンポン	
	(　　) サニタリーショーツ　サイズ　S　M　L　LL	

避難所で希望するサービス・行事など（いくつでも○をつけてください）

(　　) ヘアカット　(　　) パーマ　(　　) カラーリング

(　　) ハンドマッサージ　(　　) フットケア　(　　) マッサージ・整体

(　　) 話し相手が欲しい　(　　) 相談相手が欲しい　(　　) 手工芸品づくり

(　　) 間仕切り (　　) 男女別の洗濯物干し場　(　　) 大きな鏡

その他[　　]

※　ご希望の支援の（　　）とサイズに○をつけてください。

※　場合によってはお応えできないこともありますので、ご了承ください。

お名前

受付番号

図 12　東日本大震災時、被災者支援グループ「えがおねっと」が宮城県登米市の避難所で被災女性たちに配った「パーソナルリクエスト票」*

*解説は 80 ページ注参照

ここまで、関東大震災での女性をめぐる状況を中心に見てきました。100年前と今日とでは、社会のあり方も女性が置かれた状況も違います。しかしそれでもそこには100年の時空を超えてなお、共有できる体験と思いがあります。

　この章では、関東大震災における女性たちの活動と、戦後最大の大震災である東日本大震災における女性の活動を振り返りつつ、21世紀を生きる私たちは関東大震災から何を教訓として受けとめ、今日の災害に生かさなければならないかを考えたいと思います。

1　女性たちによる女性たちへの被災者支援を問い直す
──関東大震災と東日本大震災の女性支援の共通点

(1)　支援が映す女性たちの生活の変化

　既に見てきたように、関東大震災で女性たちは多様な被災者支援に取り組みました。

　支援物資の調達と配布、募金活動、炊き出し・食事の提供、各種相談所の開設は、阪神・淡路大震災や東日本大震災など今日の災害時にもしばしば見られた支援ですが、布団や衣類の製作は、既製品を購入することが一般的となった今日ではまったく見られません[1]。東日本大震災では被災

＊　「えがおねっと」が独自に作成したリクエスト票。「えがおねっと」はこのリクエスト票に基づいて、一人ひとりに支援物資を届けました。
　　出典：須藤明美「「えがおねっと」の活動─南三陸町・被災女性への支援」みやぎの女性支援を記録する会編著『女たちが動く─東日本大震災と男女共同参画視点の支援』生活思想社、2012年。

者からソーイングセットのニーズがありましたが、それは支援物資の衣料品のズボンの裾上げやボタン付けなどを目的としたもので、布団や衣類を初めから製作するためではありませんでした。

　また、今日では災害時の支援物資として生理用品や乳児用のおむつが欠かせませんが、関東大震災時の支援物資にはこうしたものは見られませんでした。

　当時、生理用品はT字帯（ふんどしのようなもの）と浅草紙（粗末なチリ紙）を用いたり、布で作ったタンポンのようなものを自分で作って使用するのが一般的であり[2]［小野 1992］、乳児用のおむつ[3]も使い古した布や晒木綿を用いて家庭で作って使用していました。しかし、被災者にはそれらを作る材料もなかったでしょうから、女性や乳児を抱えた母親は大変な苦労をしたことでしょう。

（2）　被災女性たちの切実なニーズを拾い上げる努力

　他方、無料保育所や出産施設、無料診療所の開設、職業紹介や授産所の設置、妊産婦支援、子どもたちへの学習支援などは、今日から見ても先進的な支援です。授産所とは、被災者に刺繍や編み物、洋裁などを教えつつ、製品をつくり、それを販売して被災者の経済支援・自立支援を目指すための施設です。

　東日本大震災では、被災者が手仕事で、たとえば支援物資のソックスを材料にしてサルのぬいぐるみ「おのくん」や手編みのアクリルたわしなど

（1）　関東大震災当時の多くの家庭では、洗濯機も掃除機も冷蔵庫もなく、炊事にはかまどや七輪を用い、寝具や衣類は各家庭で作ったり専門業者に仕立てを依頼するのが一般的でした。当時の女性たちの家事労働がいかに膨大なものだったかがわかります。
（2）　紙ナプキンが日本で作られるようになったのは 1961 年です。
（3）　布おむつが登場したのは江戸時代、大正時代には全国的に定着しました。

を作製し、販売する支援活動がありましたが、授産所活動はこれに近いものと言えるでしょう。

100年も前の関東大震災で、今日から見ても先進的で被災者のニーズに沿った支援が女性たちによって実施されたことは驚くべきことです。このような支援を可能にしたのは、一つは、生活の実情を的確に把握する独自の被災者調査を実施した成果と考えられます。

東日本大震災でも、宮城県登米市では「えがおねっと」という被災者支援の団体が「パーソナルリクエスト票」（図12）を作成し、避難所の被災女性に配布して、それに基づいて下着のサイズや口紅の色など、一人ひとりの被災者のニーズに合った支援物資の提供がなされました［みやぎの女性支援を記録する会 2012］。

「パーソナルリクエスト票」による支援は登米市で活動していた支援者と行政職員が考案したものでしたが、関東大震災時にこれと類似した支援が女性たちによって既に行われていたことが教訓として伝えられていれば、同様の支援がもっと幅広く、スムーズに行われたのではないかと思われます。

また、関東大震災では、ミルク配布などの直接的な支援活動のなかで被災者の実情とニーズ把握がなされました。

東日本大震災でも被災者から預かった洗濯物を被災者に届けたり、化粧品などの支援物資を手渡しする際の何気ない対話のなかから、被災者の切実なニーズを見出すことができました。支援活動を通じてのニーズ把握は、被災者や被災者が置かれた現場から学ぶ姿勢が支援者にあってこそ実現できたものであり、これが被災者のニーズに沿った支援を可能にしたもう一つの要因だと言えます。

さらに、被災女性のニーズに合った支援ができたのは、支援する側が支援を受ける側と同じ女性であり、社会や家族の内部で女性が置かれている

状況を被災女性と多かれ少なかれ共有していたこと、その意味で支援を受ける側も支援を提供する側も、当時の女性たちが直面していた困難の当事者だったということから、避難生活でのニーズや困難を想像できたということがあります。

このように、女性たちによる女性たちのための被災者支援という点と、被災者との直接的・間接的な交流を通じて被災者のニーズに沿った支援が実施されたという点では、二つの大震災の支援活動には多くの共通性がありました。

2　支援と受援の関係を問い直す

(1)　被災した女性たちの姿が見えない支援／見える支援

しかし、災害時の支援する側と支援を受ける（受援する）側との関係という点では、関東大震災と東日本大震災では、違いが見られました。

関東大震災の被災者支援の記録には、支援を受けた被災女性たちのリアルな姿や声があまり感じられないのに対し、東日本大震災の支援記録では、それがしばしば肌感覚で感じられることがあります。

それは、東日本大震災がわずか 12 年前の災害であり、私たちが同時代を生きており、その姿を容易に想像できるからかもしれませんが、それだけではないように思われます。

第 3 章で見たように、関東大震災における被災女性支援は、総じて、比較的高い教育を受け、経済的にもそれなりに恵まれた女性たちを中心とした活動で、被災者の多くがそうであった社会の底辺に生きる広範な女性たちと共同関係を築くという姿勢は弱かったように思われます。

関東大震災における支援者と受援者の関係は、立場が入れ替わることが

なく、その意味で非対等と言える関係でした。

　それに対し、東日本大震災で被災女性支援の担い手となったのは、地域で活動する一般的な女性たちで、場合によっては自分が支援を受ける側になったかもしれず、立場が入れ替わる可能性をもった支援者で、両者の関係は対等に近かったように見えます。

　支援する側と受援する側との関係のこの相違は、被災者の「人間の復興」がまだ道半ばだったにもかかわらず、大震災からわずか 4 年後の 1927 年に支援活動は「ひとまず終了した」として、時代の流れに沿って舵を切っていった関東大震災時の女性たちの動きと、12 年が経過した今も被災者たちのその後に寄り添い、伴走支援を継続している東日本大震災時の女性たちの動きの違いに象徴的に表れています。

(2)　東日本大震災で見られた支援者と受援者の協働
──「さいたま・さいがい・つながりカフェ」のケース

　東日本大震災時の支援活動の一例として広域避難者支援グループの「さいたま・さいがい・つながりカフェ」（以下、つながりカフェ）を紹介します。［瀬山 2012；内閣府 2013；浅野 2019］

　つながりカフェは、東日本大震災・福島第一原発事故による広域避難者（住民票のある基礎自治体を離れた避難）の孤立防止と交流を目的として、埼玉県男女共同参画推進センター・With You さいたまのコアな利用者と同センターの職員からなるさいがい・つながりカフェ実行委員会によって 2011 年 9 月に設立されたネットワークです。

　埼玉県は発災当初、さいたま・スーパーアリーナを避難所として指定し、2500 人以上の広域避難者が同避難所で避難生活をしていました。With You さいたまはスーパーアリーナから徒歩 5 分ほどのところにあり、With You さいたまのシャワー室やくつろぎの場として和室を避難者に提

供していました。こうした活動の延長として、スーパーアリーナの避難所が閉鎖された後、主に避難女性が安心してしかも安全に集える場を目的につくられたのがつながりカフェという交流会でした。

　私も2017年から参加していますが、この交流会では、避難者であるか支援・協力者であるかに関係なく、持ち寄った手料理を分けあったり、材料を持ち寄って手仕事を教えあったり、避難生活や地元の地域について語りあうなど、参加者全員が対等な立場で参加しています。つまりつながりカフェでは、支援する者／支援される者という関係ではなく、参加している人すべてがつながりカフェという場を協働で作りあげているわけです。

　つながりカフェは、設立以来今日まで毎月2回、新型コロナが蔓延した期間中もさまざまな工夫を凝らし、With You さいたまの和室を会場に開催されており、今は二人の広域避難者が共同代表を務めています。

3　女性たちのネットワークを問い直す
——女性たちのネットワークと拠点の構築

(1)　拠点機能を持ったネットワークが形成された関東大震災／多様なネットワークがゆるやかにつながった東日本大震災

　関東大震災時と東日本大震災時の女性たちの動きには、ネットワークを形成して被災者支援を担ったという共通点があります。

　すでにみてきたように、関東大震災の被災地では、震災前から女性たちをめぐる多様な問題に取り組んでいた多様なネットワークがそれぞれ支援活動を始めました。そしてその後、より一層の支援に取り組む必要性から、個々のネットワークが「大同団結」して横断的につながり、東京連合婦人会は42団体、横浜連合婦人会は17団体が連携して大ネットワークが

形成されました。

　この大ネットワークは、包括的、組織的、効率的な支援活動を実現させたと同時に、対外交渉やネットワーク内の調整、情報共有、支援者間交流といった機能を持ち、言わば被災者支援のハブセンターとしての役割を担いました。

　東日本大震災でも、震災前から女性や子どもの問題などに取り組んでいたさまざまなネットワークが、それまでの活動の延長として被災者支援に取り組んだ点では関東大震災と同じでした。しかし東日本大震災では、東京連合婦人会や横浜連合婦人会のような被災者支援の拠点（ハブセンター）としての機能を持った大ネットワークが形成されることはありませんでした。

　東日本大震災で被災者支援の活動を展開したネットワークは、関東大震災時よりもはるかに数が多く、またはるかに多様なネットワークで、その動き方も組織形態もさまざまでした。発災以前から高齢者支援や子育て支援などの目的をもって地域に根差して活動していたネットワークもあれば、地域を超えて、困難を抱えた女性や障がい者支援を展開していたネットワークもありました。

　また、広域避難者など特定の困難を抱えた女性に対する被災者支援を目的として発災後新たに結成されたネットワークや、集うことの難しい子育てママやLGBTなどの当事者による、インターネットでつながったネットワーク、妊産婦支援や医療・福祉関係の支援、被災者救済の法制度に詳しい専門家、アレルギー食・介護食など食に詳しい専門家によるネットワークなど、実に多様なネットワークがつくられ、多様な支援活動が展開されました。[筑波 2012]

　こうしたネットワークは、必要に応じてその都度他のネットワークとゆるやかにつながり、関東大震災時と同様、あるいはそれ以上のきめ細やか

な支援活動を実現させました。このようなつながりは、個々のネットワークの独自性と主体性を損なうことのない、新しい形のネットワークと言えます。

　そしてその背景には、阪神・淡路大震災をきっかけにしたボランティア活動やNPO活動の発展もありました。東日本大震災時にみられたゆるやかなネットワークにとって、関東大震災時のような巨大ネットワークはもはや必要としなかったのかもしれません。

(2)　期待される男女共同参画センター──その機能の充実のためには

　関東大震災時の東京連合婦人会や横浜連合婦人会が果たしたハブセンターの機能を果たしたのは、東日本大震災では、被災地を中心とした男女共同参画センターでした。

　男女共同参画センターとは、都道府県や市などが設置している女性のための総合施設で、女性が抱えるさまざまな問題に関する情報収集と提供、市民ネットワークの活動・交流の場の提供、各種相談、講座やイベントの企画・開催・運営、調査研究などを実施しています[4]。

　災害に関しては、阪神・淡路大震災の際に兵庫県立女性センターが相談事業を開催したのをはじめ、東日本大震災では仙台、岩手、福島の男女共同参画センターが、被災によって困難を抱えた女性や子どもへの直接的な支援、必要な情報を提供する広報・啓発活動、DVや女性の悩み相談の開

（4）　男女共同参画センターは、女性センター、婦人会館など、さまざまな名称で呼ばれている女性関連施設のことで、その中核機能は、女性問題に関する活動と交流の拠点です。この意味での日本初の女性施設は、1900（明治33）年に建設された日本基督教婦人矯風会会館と言われています。戦後の男女共同参画センター的な機能を持った日本初の女性施設は、1927年に設立された横浜連合婦人会館です［(財)横浜市女性協会編 1995］。なお、関東大震災と婦人会館建設運動に関する研究として、［辻 2015；2016］があります。

設、雇用創出など復興支援につながる活動に取り組みました。

　同時に、女性視点の被災者支援や地域防災に取り組む女性たちのネットワークの活動拠点・情報交流のハブセンターとしても重要な役割を果たしました。

　また全国の男女共同参画センターの相互協力も見られました。全国女性会館協議会は 2011 年に「東日本大震災女性センターネットワーク」を立ち上げ、募金や支援物資の調達・提供、女性相談窓口への相談員の派遣などを行うと同時に、全国の男女共同参画センターや支援ネットワークのハブセンターとしての役割も果たしました(5)。[瀬山 2021]

　こうした経験をもとに、2020 年に策定された国の「第 5 次男女共同参画基本計画」は「第 8 分野　防災・復興分野における男女共同参画の推進」で、男女共同参画センターに関して、次のように明記しています。

　　男女共同参画センターが男女共同参画の視点からの地域の防災力の推進拠点となるよう、先進的な取組事例の共有を行う。また、災害時に効果的な役割を果たすことができるよう、全国女性会館協議会が運営する相互支援システム(6)等を活用し、男女共同参画センター間の相互支援（オンラインによる遠隔地からの助言等を含む。）を促す。

（5）　全国の男女共同参画推進センターの災害関連事業については、以下を参照。
　　　国立女性教育会館「NWEC 災害復興支援女性アーカイブ」
　　　https://dil.bosai.go.jp/link/archive/panel/21_NWEC20191112.pdf
　　　［日本女性学習財団 2012；国立女性教育会館 2013；全国女性会館協議会 2013］
（6）　災害時における男女共同参画センターなどの「相互支援ネットワーク（相互支援ネット）」とは、全国の男女共同参画センター、自治体の男女共同参画所管課を結ぶ全国ネットワークで、大規模災害時に、全国の男女共同参画センター同士が互いに支え合う仕組み作りが不可欠であるという認識から、2015 年に全国女性会館協議会が構築した仕組みのことです。［せんだい男女共同参画財団編 2017］

見られるように、災害対策において男女共同参画センターには重要な役割が期待されています。しかし現状を見ると、全国に365ある男女共同参画センターは、規模も運営形態（自治体直営の公設公営、指定管理者制度などによる公設民営、民設民営）も事業内容もさまざまで、なかには十分機能できていないところもあります。

　しかも、困難を抱えた女性を支援する相談員や、男女共同参画のさまざまな事業を企画・運営する職員、調査研究に携わる職員など、そこで働く専門的職員の圧倒的多数は、会計年度任用職員と呼ばれる非正規で働く女性です［竹信・戒能・瀬山 2020］。彼女たちは、不安定で劣悪な処遇の下で、これらの専門的な知見とスキルと経験が必要な重要な仕事を担っています。

　多くの職員は自分たちの仕事内容に責任とやりがいを感じて劣悪な処遇のなかで懸命に働いていますが、男女共同参画社会の実現を率先して目指さなければならない位置にあるセンターのあり方としては矛盾を感じざるを得ません。

　自治体職員のなかには、土木や建築、機械、電気などの専門技術職として正規で採用される制度があります。

　男女共同参画センターが災害時の男女共同参画の視点から地域防災を担うハブセンターとして十分に機能するには、男女共同参画センターで働く職員も常勤専門職として採用するなど、センターの位置づけも含め、改めて考える必要があります。

終　章

関東大震災の教訓を今に生かすために

　ここまで、関東大震災とその後の女性たちをめぐる状況を見てきたの
は、関東大震災の教訓を今に生かし、ジェンダー視点からみたよりよい防
災・減災、復興について考えるためでした。

　関東大震災時に女性たちが歩んだ道は、迷路にも似た道で、時として悩
み、行き止まり、本筋からそれた道に足を踏み入れることもありました。

　関東大震災で被災者支援のリーダー的存在となった女性たちの多くは、
誤りを踏みしめ、誤りを繰り返さない決意のもとに、戦後、平和運動、母
親運動、消費者運動、労働運動、地域婦人会活動などに取り組みました。

　最後に、関東大震災での女性たちの軌跡を踏まえて、私たちに託された
いくつかの課題を提起しておきたいと思います。

1 平和なくして防災なし
──国民保護法と「緊急事態条項」に対する懸念

(1) 国民保護法に関する懸念

　第一は戦争と災害対応との関係です。これまで見てきたように、関東大震災で被災者支援に力を尽くした女性団体の多くは、戦時下では銃後の活動と防空活動の一翼を担わされる結果になりました。そればかりか、被災者支援活動のネットワークは、変質させられ、最終的には、実質的に消滅させられました[1][全国地域婦人団体連絡協議会 1986]。また、地域の防災・消火活動も、戦時下の防空活動と総動員体制に取り込まれる結果になりました。

　災害時の地域住民による避難行動や被災者支援のスキルと活動は、国防および戦死者の遺族や傷病兵の援護などの銃後の活動へ容易に転化しますし、地域住民による消火活動などの緊急対応は、襲撃を受けた際の防空・消火活動としても機能します。戦時下で災害が発生した場合、地域防災の本来の機能である災害対応に力を注ぐことが可能であるか、懸念されます。そして、この懸念は過去のこととは言い切れません。

　2004 年に制定された国民保護法（正式には「武力攻撃事態等における国民の保護のための措置に関する法律」）は、「武力攻撃事態等において、武力攻撃から国民の生命、身体及び財産を保護し、国民生活等に及ぼす影響を最

（1）　敗色濃厚となった 1945 年 3 月、政府は国民義勇隊を編成することを閣議決定し、これに伴って大政翼賛会、翼賛壮年団および翼賛会所属の団体は解散することとなりました。大日本婦人会は 6 月 13 日解散、同月 23 日に公布された国民義勇兵役法により、国民義勇隊女子隊に改組編入されました。こうして戦前の三大婦人会はすべて姿を消し、それまで銃後を担っていた女性たちは、戦闘要員として位置づけられることになりました。

小にするための、国・地方公共団体等の責務、避難・救援・武力攻撃災害への対処等の措置」などを定めた法律で、その第4条（国民の協力等）には次のように定められています[2]。

　　国民は、この法律の規定により国民の保護のための措置の実施に関し協力を要請されたときは、必要な協力をするよう努めるものとする。

　2　前項の協力は国民の自発的な意思にゆだねられるものであって、その要請に当たって強制にわたることがあってはならない。

　3　国及び地方公共団体は、自主防災組織（災害対策基本法（昭和36年法律第223号）第2条の2第2号の自主防災組織をいう。以下同じ。）及びボランティアにより行われる国民の保護のための措置に資するための自発的な活動に対し、必要な支援を行うよう努めなければならない。

　また、この法律では、「避難、救援、武力攻撃災害への対処などの措置」に関して、地方自治体（都道府県及び市町村）はこの法律に基づいて「国民保護計画」を策定することが義務付けられています。

　2021年、全都道府県および1741市区町村中1740市区町村でこの計画が策定済みで、「国民保護計画」には「国民・市民への協力要請」と「自主防災組織やボランティアの活動への自治体による支援」が明記されています。

　しかし、この法律および「国民保護計画」で言われる「国民の保護」と災害とが重なった際に、どのような対応がとられるのか、どちらが優先さ

（2）　国民保護法の全文は、下記にあります。
　　　https://elaws.e-gov.go.jp/document?lawid=416AC0000000112

れるかは明記されていません。このような緊急事態に陥ったとき、地域で生きる私たちはいったいどのような対応をとったらいいのか、大混乱に陥ることは必至です。

(2) 「緊急事態条項」に関する不安

もう一つ気がかりなのは、「緊急事態条項」をめぐる論議です。「緊急事態条項」とは、「国家緊急権」とも言われ、外部からの武力攻撃、社会秩序の混乱、大規模な自然災害などでその時の内閣が緊急と判断した場合には、国会の権能（立法権）を内閣が実質的に兼ねることができること、国会議員の3分の2以上の多数で国会議員の任期を延長することができることなどを内容とするものです。

2011年の東日本大震災以降、大規模災害に迅速に対応するために緊急事態条項が必要であるという論議が活発になりました［清末ほか 2017］。ここでも、複数の緊急事態が同時的に発生した場合、国会での論議を抜きにして、政府の判断のみで、優先される緊急事態が決められることには、やはり不安が残ります。

(3) 平和維持こそ最大の防災対策

私たちが防災や被災者支援に取り組んできたのは、生命と生活を守るためであって、これは防災・被災者支援の根本目的です。

生命と生活を守ることにとって、反戦・平和を希求することと人道支援、被災者支援は車の両輪です。

戦時下で災害が発生した際には、災害対応よりも戦争への対応が優先された歴史的事実から言えることは、平和を維持することは最善の防災対策だということです。

このことは、関東大震災とその後の歴史から私たちが受け継がなければ

ならない最大の教訓とも言えます。

2　性別役割分業・世帯単位の解消へ

(1)　災害時の女性の困難と性別役割分業

　第二は、災害時における性別役割分業の解消です。性別役割分業が今日以上に強固で、家事やケアが社会化されていなかった関東大震災時においては、性別役割分業が被災女性を今日とは比べようもないほど苦しめたことは容易に想像できます。また、性別役割分業は支援活動の中にもみられ、関東大震災では、女性教師や女子学生だけに、衣類の縫製支援が強制されたことはすでにみたとおりです。

　性別役割分業は戦後の災害時でも女性が抱えた困難の大きな要因となりました。阪神・淡路大震災や東日本大震災でも、保育所や高齢者の介護施設の被災により、子どもや要介護者のケアを女性が担うことになり、仕事を辞めざるを得ない女性が続出しました。これまで働いていた職場から遠い避難所に入り、やむなく退職した女性もいました。

　東日本大震災の震災当初の避難所で、100 人以上の避難者の朝昼晩の食事の準備と後片付けを同じ避難者の女性たちが当番制で担うことになり、当番にあたると朝から晩まで休む暇もなく、自衛隊の時間決めの入浴施設も利用できなかったと嘆く女性もいました。また、震災で住居を失い、突然の大家族状態のなかで家事や親族の世話が急激に女性に増大し、心身に大きな負担を抱えた女性もいました。

　災害時には被災者にも被災者を支援する側にも性別役割分業が復活・増大し、平時以上に、女性に困難をもたらします。災害時も含め、性別役割分業をなくすことは重要な課題です。

(2)　性別役割を再生産する家族制度

　性別役割分業が解消されないのは、それを構造化し、再生産する社会構造があるからです。

　戦前の日本では、国家体制の根幹に位置付けられた家父長制的家族制度（家制度）がそれでした。

　1898（明治31）年に公布された戦前の民法（明治民法）では、「戸主（家長）が家族に対する絶対的な支配権を持ち、長男のみが家長権を継承する」という家族制度が明記され、「妻の財産の管理権は夫が持つ」、「夫は妻以外の女性との間に生まれた子を妻の同意なく戸籍に庶子として入れることができる。男性から認知されない子は私生児として母親が育てる」、さらには刑法で姦通罪が妻だけに定められたことを受け、「姦通罪を受けた妻は姦通相手と結婚することができない」などが定められ、家制度は、性別役割分業どころか性別ライフサイクルが強制される制度でした［服藤監修 2011］。

　こうした家制度に対し、平塚らいてうや『青鞜』に集まった女性解放を求めた女性たちは果敢に闘いましたが、それは制度改革を求めるというより、意識改革を求める闘いでした。

　関東大震災でも家制度により困難を抱えた女性たちが多数いたことでしょう。女性被災者支援にあたった女性たちが一致団結して取り組んだ廃娼運動や婦選運動の根底には、前面には出されていませんが、家制度への批判も内包されていたとみることができます。

(3)　戦後の世帯単位制度

　戦後、こうした家族制度は廃絶されました。しかし、夫婦同姓を定めた民法や税制や社会保障制度など、さまざまな法制に多様な形で戦前の家族制度の名残が見られます。

災害に関する法制にみられる世帯単位制度はその典型的なケースです。阪神・淡路大震災後の 1998 年、生活再建のために被災者への公費による現金支給を定めた初の法律、「被災者生活再建支援法」が制定されました。しかし同法が適用されるには、世帯主が被災者であること（世帯主被災要件）、支援金は世帯主に支給されるなど世帯単位であったため、被災女性が再婚などで世帯構成が変化すると支給対象から除外されるなど、女性に不利に働きました［山地 2014］。

東日本大震災や福島第一原発事故でも、被災者・避難者への給付金などが世帯主あてに支給され、その結果、DV などで世帯主と別居していた妻に給付金が渡らないケースが続出しました。同様のことは、原発事故による東京電力からの賠償金でも見られました。また、災害による死亡者の遺族に支給される弔慰金を定めた「災害弔慰金支給法」では、亡くなった人が生計維持者であったか、遺族が死亡者に扶養されていたかどうかで、支給される弔慰金の額が異なりました。

こうした世帯単位での支給資格や金額の決定、支給方法が定められる世帯単位制度は、平常時は見えにくいものですが、災害時に困難を抱えた女性に不利に働くケースが増大します。家族と世帯が多様化している今日、こうした世帯単位制度は、女性のみならず、法制の本来の目的にそぐわないものになっています。こうしたことから今日では法律の専門家からも支給対象の単位を世帯単位から個人単位とするよう、見直しが求められています［津久井 2012；2020］。

(4)　平常時からの男女格差是正の取り組みの必要性

世界経済フォーラム（WEF）は毎年男女格差の状況を数値化した「ジェンダーギャップ指数」を発表しています。2023 年、調査した 146 か国のうち、日本は過去最低の 125 位、主要 7 か国（G7）中最低でした。「ジェ

ンダーギャップ指数」は経済、教育、健康、政治の 4 分野での男女格差の状況を数値化したもので、日本の順位は政治分野が 138 位、経済分野が 123 位であり、政治と経済の分野での立ち遅れが突出しています。

この状況は 2006 年に「ジェンダーギャップ指数」が発表されて以来ほとんど変わりません。そこで、この二つの分野での格差是正の取り組みを進めようと、「女性活躍推進法」（2015 年）、「政治分野における男女共同参画推進法」（2018 年）などの法整備が進められましたが、なかなか結果を出すことができずにいます。

その要因の一つは、性別役割分業を構造化し、再生産する家族制度、世帯単位制度です。この分野での取り組みは弱く、今後の取り組みの改善が求められます。また、男女格差が改善されないもう一つの要因は、女性活躍に焦点を当てた取り組みが進められた一方で、困難を抱えた女性たちに対する取り組みが弱かったことです。そこで 2022 年、「困難な問題を抱える女性への支援に関する法律」が制定され、取り組みが始まりました。災害時における被災女性支援は、災害によって困難な問題を抱えた女性に対する支援にほかならず、平常時における困難な問題を抱えた女性支援の災害版です。災害時においても困難な問題を抱えた女性が一人も取り残されない取り組みのためにはこの点での取り組みも不可欠です。

3　支援者と受援者が対等な関係になるには

第三は、支援者と受援者の対等な関係の構築です。第 5 章でみたように、このことは被災者支援だけでなく、災害からの復興にとっても重要です。

天童と浅野の共編著『災害女性学をつくる』の終章では、支援者と受援

者の協働と相互のエンパワメントについて、おおよそ以下のようにまとめています。

　被災者支援と受援の本質は、人間の尊厳の回復と災害からの「人間の復興」をめざす協働の営みであり、その営み自体が災害復興・防災ネットワークの構築である。また、支援する側／支援を受ける側の関係は対等であり、かつ双方のエンパワメントの契機となる。[浅野・天童 2021]

　IASC（機関間常設委員会）が作成した「自然災害発生時の被災者保護に関する運用ガイドライン」（2011 年）では、「被災者は支援を受ける対象ではなく、特定の義務者に権利を主張できる権利保有者・権利主体」であり、「被災者支援とは、被災者が必要な支援を求める権利を行使できるよう支えること」とされています[3]。

　受援とは施しを受けることではなく、支援を求める／受ける権利を実現すること、行使することであり、支援とは被災者がこの権利を行使することを支えることだという指摘は極めて重要です。被災者がこの権利を行使するには、被災者自身が求めていることを支援する側に伝える力、支援を受ける力、受援力が必要です。

　支援と受援は非対称の行為ですが、対等な相互補完的な関係にあり、ともに災害からの復興への協働の行為です。そしてこの行為は、双方に支援力と受援力をもたらします。東日本大震災における女性被災者支援ではこ

（3）　IASC（機関間常設委員会）は、自然災害によって影響を受けた人々への人道支援の提供を改善することを目的として 1991 年に設立された国連と非国連人道パートナーの機関間フォーラムです。
　　自然災害時における人々の保護に関する IASC 活動ガイドライン（日本語版）
　　https://www.brookings.edu/wp-content/uploads/2016/07/0106_operational_guidelines_nd_japanese.pdf

うした支援／受援の相互活動が追求され、一定の成果をあげましたが、な
お道半ばにあります。これはさらに実践的に深められなければならない課
題です。

　また、このような支援／受援関係は、画一的で一方的な支援ではなく、
支援する側と支援を受け入れる側が対等の立場でないと成り立ちません。
実はこの受援力は、新自由主義下の「自己責任」論を跳ね返す力でもあ
り、災害時に限らず今日の平常時においても非常に重要な力で、社会のあ
り方を変える力にもなります。この支援と受援の協働の中で、一人ひとり
のエンパワメントをどう実現していくのか、これもまた大変重要な課題で
す。

4　「自助・共助・公助」を問い直す
──女性たちの重層的なネットワークの構築に向けて

　最後は、被災者支援と災害復興、防災・減災活動に不可欠な女性たちの
ネットワークの構築です。

(1)　重層的なネットワークの構築

　ネットワークという言葉は、社会学や心理学、情報などの分野でさまざ
まな意味で用いられていますが、ここではさまざまな関係をもとに、市民
団体、専門諸機関、企業、学校、さらには国や自治体などが対等な立場で
自主的に網の目のようにつながった組織とその活動形態ととらえることに
します。

　ネットワークのスタートは個人です。個人が声をあげ、動くことによっ
て、問題関心や目的を共有する人と人のつながりが形成されます。これが

ネットワークの誕生です。このネットワークが分野や地域を超えて横断的につながり、さらに医療・福祉や教育などの専門諸機関、自治体行政や国、国際的なつながりへと立体的に広がると、重層的なネットワークが形成されます。重層的なネットワークとは、多様な分野のネットワーク間の連携、市民、地域、専門諸機関、自治体、国というレベルの異なった組織間の連携のことです。

　このネットワークで重要なのは、どのレベルにおいても意思決定の場に女性や多様性をもった当事者が参画するということです。

　関東大震災では、女性たちのネットワークが東京市や横浜市の自治体と連携するなかで、多様な被災者支援が取り組まれました。しかしそれらは、自治体側から見れば、施策の推進、事業の実践レベルでの市民団体との連携であって、方針決定や施策の策定などの意思決定の場における共同参画ではありませんでした。そもそも戦前の自治体は、知事は官選（中央政府からの派遣）で、内務大臣が府県と市町村の監督権を持つ集権的な体制でしたから、国・自治体と市民とのネットワークが成立する余地はありませんでした。

　一方、女性団体の方では、第2章で見たように、東京連合婦人会が東京の復興についての建議案の提出を決定したり（第2章、表2、1923年10月6日）、山脇房子が復興院に女性の参画を求めるなど、意思決定の場への女性の参画の要求は強いものがありました。

　今日では戦前とは異なり、国と自治体との関係は、2000年に施行された地方分権一括法で、国と地方の役割分担の明確化、機関委任事務制度（地方公共団体が国の出先機関として事務を行う）の廃止、国の関与のルール化などが図られ、国と地方公共団体は、法律上、「上下・主従」の関係から「対等・協力」の関係になりました。

　しかし、国・自治体と国民・市民との関係には実質的に権力関係が存在

しており、意思決定の場への女性の参画も少しずつ進みつつありますが、対等の関係をつくるという点ではきわめて難しいところがあります。それでも東日本大震災の被災者支援の現場では、市民ネットワークと自治体とが連携した、重層的ネットワーク構築の萌芽がみられました。

(2) 市民と行政のネットワークの萌芽のケース

宮城県登米市の市民の被災者支援グループ「えがおねっと」もその好事例の一つですが[4]、ここでは、先に紹介した広域避難者交流支援グループの「さいたま・さいがい・つながりカフェ」（つながりカフェ）を紹介します。

第5章で紹介したとおり、このネットワークは、埼玉県男女共同参画推進センター・With You さいたまのコアな利用者とセンターの職員からなるさいがい・つながりカフェ実行委員会によってつくられたものです。その設立時に With You さいたまとつながりカフェ実行委員会の間で取り交わされた覚書では、

> 甲（センター）は甲の施設を事業の会場として提供する。甲は、ホームページなどを通じた広報に協力する。甲の事業コーディネーター、専門員等が事業の企画・運営に協力する。乙（実行委員会）は、運営スタッフを派遣する。甲及び乙は各事業の実施にあたり、協議し、事業の運営を行う。

ことが明記され、実行委員会の会則には、

（4）「えがおねっと」に関しては、［みやぎの女性支援を記録する会編 2012］参照。

男女共同参画センターとの連携・協力関係のもとに事業を実施する。
　　業務分担については別途定める。

とあって、行政（With You さいたま）と市民（実行委員会）とが対等の立場
で協議し、支援事業にあたることが明記されています。

　つながりカフェの開設当初は、センターの側に本当にやっていけるのか
という不安があったようですが、活動が定着するにしたがい、センター側
の姿勢も変化し、市民の側にもセンターに対する信頼感がうまれ、「With
You さいたまと私たちはいい関係でほぼ一体で活動してきた」という声が
聞かれる関係が形成されました。つながりカフェの活動が実現できたの
は、災害発生以前からセンターを積極的に利用していた女性たちの存在、
センターと市民女性との間に入り調整役となった元職員たちの存在、そし
て、なによりも、参加する避難者の存在があったからでした。

　このように見てくると、つながりカフェの活動は、まさに関係者すべて
によってつくられたものであり、重層的なネットワークの萌芽のモデル
ケースとして評価できると私は考えます。

(3)　重層的なネットワークの形成に必要なこと

　こうした活動の中で、重層的なネットワークを構築するための道筋が大
筋明らかになりつつあります。一つはネットワークを構成する主体がネッ
トワークのあらゆるレベルの意思決定の場へ平等に参画すること、二つ目
は自治体における関連部署の連携・「縦割り行政」の見直しとジェンダー
主流化⁽⁵⁾、そして三つ目は、自治体の行政職員を含めたネットワークに

（5）　ジェンダー主流化とは、すべての分野の、すべての意思決定、政策の決定、事業
　　の計画・実施・モニタリング・評価のあらゆる段階で、ジェンダー平等と女性のエ
　　ンパワメントを推進する視点を取り込み、実践することを意味します。第4回国連

関与するあらゆる構成体のメンバーのエンパワメントです。この意味では、社会のあらゆるレベルと分野でジェンダー平等が実現されることが求められます。

第3章でみたように、婦選運動では、婦選の期待が遠のくにつれて「戦術転換」を余儀なくされ、自治体や国との「連携・協力」路線をとったことが、意図しなかった結果をもたらしました。国や自治体、権力を持っている組織とのかかわりは、権力に取り込まれ、意図しない結果に陥る危険性があることを十分に認識したうえで、政治や意思決定の場に参画し、そこで自らの主張を表明し、目的達成のために力を尽くすことが必要です。

意思決定の場への参画は、あくまでも目標実現のスタートラインであって、スタートラインに立ったことで満足せず、その後何をすべきかが重要です。このことは今日の私たちにとっても心しなければならないことでしょう。

(4) 「自助・共助・公助」の見直し

重層的なネットワークの構築との関連で見直さなければならないのは、災害が語られる際にしばしば登場する「自助・共助・公助」という言葉です。この言葉は災害分野だけでなく、社会保障や福祉の分野でも用いられ、その意味するところは多様です。

災害分野に限定してもその意味するところは必ずしも確定しているわけではありません。

一般的には、「自助」とは、災害が発生したときに、防災ではマイタイムラインのようにいざという時のまずは自分自身の身の安全を守る行動計画を立てておくことや、災害が発生した時に備えて、食料・生活用品の備

世界女性会議（北京会議）の北京宣言でジェンダー主流化の概念が明記されました。

蓄などの準備をしておくことなど、個人や家族など私的レベルでの対策[6]と理解されています。

これに対して、「共助」は、地域やコミュニティ、ボランティア、市民団体、企業などの私的な共同体レベルでの対策、「公助」は、国や都道府県・市町村自治体や、消防、警察、自衛隊などの公的機関による対策と理解されています。

しかしこれらがつながりを持たず、単なる役割分担であっては意味がありません。それらが有機的につながり、一人ひとりの自助を多様なネットワークが共助で支え、その自助と共助を国や自治体が法制度的・財政的・政策的支援による公助で支えるシステム、つまり重層的なネットワークが構築されたときに「自助・共助・公助」は生かされます。そしてそのためには、共助、公助の見直しと同時に、自助の見直しが必要です。

5　共助・公助を活用する自助力を培おう
──私たちに託されていることとは

重層的なネットワークの根底にあるのは言うまでもなく一人ひとりの個人です。

市民的ネットワークはもちろん、国や自治体においても、組織体は無機

（6）　家族は、自助に位置付けられる場合と共助に位置付けられる場合があります。社会保障分野では、「自助・共助・公助」はそれぞれ「個人、家庭・地域社会、公的部門」と位置付けられている（厚生省『平成12年版 厚生白書』2000年）のに対し、災害分野では、自助は家族を含む個人が行う対策、共助は近隣住民による助け合いと説明されています（内閣府『令和2年版 防災白書』2020年、40ページ）。つまり家族は、社会保障分野では共助に位置付けられているのに対し、災害分野では「自助」に位置付けられています。このように「自助・共助・公助」の意味するところは多様であり、何を意味するのかあらかじめ明確にしておくことが必要です。

質な人間の集団ではなく、多様な属性を持つ個人によって構成されています。組織の構造と併せて、組織を構成するメンバーのありようによって組織は規定されると同時に、組織体間のネットワークの質も規定されます。

　そのように考えたとき、「自助・共助・公助」のつながりを構築するには、まずは、一人ひとりの個人的な問題は社会の問題、政治の問題が背景にあるという視点が不可欠です。

　フェミニズムではこれをPersonal is Political（「個人的なことは社会的・政治的なこと」）と言います。個人的な問題を社会の問題のなかでとらえ、解決の道を切り開くには、まずは私たち一人ひとりが生きている「いま・ここ（現場）」から、思いや悩みを声にだし（Don't Be Silent）、他者とつながることがスタートになります。そのうえで、一人ひとりが支援を求める受援力を持つこと、そして共助と公助を活用する力をもつことが必要です。

　共助、公助を適切に活用できる知識とスキル、日ごろからのエンパワメント、これこそが自助の核になるのです。それは、社会を変革する可能性を切り開くことにもつながっています。あわせて、自身や先達の経験を冷静に振り返る目をもつことも重要な自助力です。それはいまを生きる私たち自身を問う力にもなります。

　自助力の核を培うことは今を生きる私たちにとってとても重要な課題です。このような自助力は実践と実践を通しての学びの中で培われます。

　重層的なネットワークを構築するカギは、私たち一人ひとりに託されているのです。

文　献

［五十音順］

浅野富美枝（2019）「災害につよいまちづくりと女性のエンパワーメント―地域
　　防災と女性視点」天童睦子『震災後の若年層女性のライフ・キャリア形成
　　と知識伝達に関するジェンダー論的研究』

浅野富美枝・天童睦子編著（2021）『災害女性学をつくる』生活思想社

石井雍（1986）「関東大震災・もう一つの悲劇―朝鮮人と誤認されて殺された
　　人々」香川女性史研究会編『草稿』2 号

石月静恵・大阪女性史研究会（2020）『女性ネットワークの誕生―全関西婦人連
　　合会の成立と活動』ドメス出版

櫻蔭会（1940）『櫻蔭会史』

桜楓会 80 年史出版委員会（1984）『桜楓会 80 年史』桜楓会

大倉瑶子（2019）「女性の死者が 8 割を占めたケースも、災害の死者に女性が多
　　い背景とは」BUSINESS INSIDER JAPAN（2019 年 9 月 1 日）
　　　https://www.businessinsider.jp/post-197740

大阪府（1924）『関東地方震災救援誌』

小野清美（1992）『アンネナプキンの社会史』JICC 出版局

折井美耶子・女性の歴史研究会（2017）『女たちが立ち上がった―関東大震災と
　　東京連合婦人会』ドメス出版

神奈川県立平沼高等学校創立 100 周年記念行事校内実行委員会編集部編（2000）
　　『創立 100 周年記念誌』

北原糸子（2016）『日本震災史―復旧から復興への歩み』ちくま新書

北原糸子（2023）『震災復興はどう引き継がれたか―関東大震災・昭和三陸津
　　波・東日本大震災』藤原書店

金富子［キム・プジャ］（2014）「関東大震災時の「レイピスト神話」と朝鮮人
　　虐殺―官憲史料と新聞報道を中心に」『大原社会問題研究所雑誌』No.669

木村玲欧（2014）『戦争に隠された「震度 7」― 1944 東南海地震・1945 三河地
　　震』吉川弘文館

清末愛砂ほか（2017）『緊急事態条項で暮らし・社会はどうなる』現代人文社

琴秉洞［クム・ヒョンドン］編（1989）『朝鮮人虐殺関連児童証言史料』緑蔭書房

国立女性教育会館（2013）『女性関連施設の災害関連事業に関する調査報告・事例集』

小薗崇明（2014）「関東大震災下における虐殺の記憶とその継承」『専修人文論集』101 号 http://id.nii.ac.jp/1682/00010265/

自由学園女子部卒業生会（1985）『自由学園の歴史―雑司ヶ谷時代』婦人之友社

自由学園 100 年史編纂委員会（2021）『自由学園 100 年史』自由学園出版局

白河桃子（2011）『震災婚』ディスカヴァー・トゥエンティワン

新聞資料ライブラリー監修（1992）『関東大震災　シリーズその日の新聞』上・下巻、大空社

鈴木裕子（1989）『女性史を拓く 1』未来社

聖母の園老人ホーム（1986）『関東大震災の記録』

瀬山紀子（2012）「埼玉県男女共同参画推進センターの支援活動」日本女性学習財団『東日本大震災復興支援事業報告書　被災地支援者のエンパワーメントに関する調査研究』

瀬山紀子（2021）「男女共同参画センターと災害」浅野・天童編著『災害女性学をつくる』生活思想社

全国女性会館協議会（2013）『東日本大震災女性センターネットワーク事業活動報告』

全国地域婦人団体連絡協議会（1986）『全地婦連 30 年のあゆみ』

せんだい男女共同参画財団編（2017）『よりよく生き延びる―3・11 と男女共同参画センター』新潮社

竹信三恵子・戒能民江・瀬山紀子編（2020）『官製ワーキングプアの女性たち―あなたを支える人たちのリアル』岩波ブックレット

立川昭二（1971）『病気の社会史―文明に探る病因』日本放送出版協会（2007年・岩波書店より復刊）

千野陽一編（1996）『愛国・国防婦人運動資料集』第 2 巻、日本図書センター

千葉県における関東大震災と朝鮮人犠牲者追悼・調査実行委員会（1983）『いわれなく殺された人びと―関東大震災と朝鮮人』青木書店

中央防災会議　災害教訓の継承に関する専門調査会（2007）「災害教訓の継承に関する専門調査会報告書　平成 19 年 3 月　1944 東南海地震・1945 三河地震」

中央防災会議　災害教訓の継承に関する専門調査会（2009）「災害教訓の継承に関する専門調査会報告書 1923 関東大震災」

https://www.bousai.go.jp/kyoiku/kyokun/kyoukunnokeishou/rep/1923_kanto_

daishinsai/index.html

津久井進（2012）『大災害と法』岩波書店

津久井進（2020）『災害ケースマネジメント　ガイドブック』合同出版

筑波君枝（2012）『わたしにできること― 個人の「なにかしたい！」から始まった、12 の絆の物語』メディアファクトリー

辻由紀（2015）「関東大震災後の「女性の空間」―婦人会館建設運動を通して見る日本国家と市民社会」落合恵美子・橘木俊詔『変革の鍵としてのジェンダー―歴史・政策・運動』ミネルヴァ書房

辻由紀（2016）「女性たちの支援活動と復興への回復力」五百旗頭真監修『大震災復興過程の政策比較分析―関東・阪神・東日本大震災の検証』ミネルヴァ書房

辻野弥生（2023）『福田村事件―関東大震災・知られざる悲劇』五月書房新社

土田宏成（2017）『帝都防衛―戦争・災害・テロ』吉川弘文館

土田宏成（2023）『災害の日本近代史―大凶作、風水害、噴火、関東大震災と国際関係』中公新書

東京市学務課編纂（2022）『東京市立小学校児童　震災記念文集　尋常一年の巻〜高等科の巻』展望社

東京都立教育研究所編（1997）『東京都教育史　通史編　4』

内閣府（2013）「男女共同参画センターを生かした広域避難者のつながりづくり（さいがい・つながりカヱ）〜埼玉県男女共同参画推進センター（With You さいたま）〜」『東日本大震災からの復興に関する男女共同参画の取組状況調査　ヒアリング調査結果』

西崎雅夫編（2020）『関東大震災朝鮮人虐殺の記録―東京地区別 1100 の証言　普及版』現代書館

日本女子大学研究プロジェクト・平田京子（2017）『「社会貢献」という生き方―日本女子大学と災害支援』ドメス出版

日本女性学習財団（2012）『東日本大震災復興支援事業報告書　被災地支援者のエンパワーメントに関する調査研究』

日本赤十字社（2023）「関東大震災 100 年 温故備震〜ふるきをたずね明日に備える〜」https://www.jrc.or.jp/webmuseum/column/kantou-100th/

羽仁もと子（1977）『羽仁もと子著作集』第 11 巻、婦人之友社

フェリス女学院 150 年史編纂委員会編（2010）『関東大震災 女学生の記録』

福田徳三（1923）「営生機会の復興を急げ」福田徳三研究会編（2016）『福田徳三著作集』第 17 巻、信山社

福田徳三（1924）「失業調査とそれに基づく若干の推定」福田徳三研究会編（2016）

『福田徳三著作集』第 17 巻、信山社
服藤早苗監修（2011）『歴史のなかの家族と結婚―ジェンダーの視点から』森話社
藤井忠俊（1985）『国防婦人会―日の丸とカッポウ着』岩波書店
藤目ゆき（1997）「全関西婦人連合会」『性の歴史学―公娼制度・堕胎罪体制から売春防止法・優生保護法体制へ』第 5 章、不二出版
細井和喜蔵（1954）『女工哀史』岩波文庫（初版は 1925 年）
毎日新聞（1984）『決定版　昭和史―昭和前史・関東大震災』第 4 巻、毎日新聞社
毎日放送（2021）「隠された大地震」2021 年 8 月 13 日放送
　　https://www.mbs.jp/news/feature/kansai/article/2021/08/085245.shtml
三井禮子（1963）『現代婦人運動史年表』三一書房
宮城県・みやぎの女性史研究会編（1999）『みやぎの女性史』河北新報社
みやぎの女性支援を記録する会（2012）『女たちが動く―東日本大震災と男女共同参画視点の支援』生活思想社
明治大正昭和新聞研究会（1985）『新聞集成　大正編年史　大正 12 年度下巻　関東大震災期 10 月』
山地久美子（2014）「災害／復興における家族と支援―その制度設計と課題」日本家族社会学会編『家族社会学研究』26 巻 1 号
山田昭次（2011）『関東大震災時の朝鮮人虐殺とその後―虐殺の国家責任と民衆責任』創史社
楊善英［ヤン・ソンヨン］（2005）「関東大震災と廃娼運動―日本キリスト教婦人矯風会の活動を中心に」国立女性教育会館『研究紀要第 9 号』所収
（財）横浜市女性協会編（1995）『女性施設ジャーナル』1 巻、学陽書房
横浜市総務局市史編集室（1993）『横浜市史　II』横浜市
（公財）横浜市男女共同参画推進協会（2022）『横浜連合婦人会館史―100 年のバトンを受けとる』同会発行
吉川仁（2023）『資料に見る「関東大震災から国民防空への展開」―災害教訓の使われ方を再考する』三省堂書店
吉村昭（2004）『関東大震災』文春文庫
米田佐代子（1972）『近代日本女性史　上』新日本新書

[写真・図版]

＊東京都復興記念館［（公財）東京都慰霊協会］……図1
＊日本女子大学　成瀬記念館……図2、5、表紙
＊独立行政法人　国立美術館国立映画アーカイブ……図3
＊朝日新聞フォトアーカイブ……図4、7
＊自由学園資料室……図6、表紙
＊（公財）市川房枝記念会女性と政治センター……図8
＊（公財）横浜市男女共同参画推進協会（横浜市教育委員会婦人会館）……図9
＊日本電報通信社（朝日新聞フォトアーカイブ所収）……図10
＊辻野弥生（2023）『福田村事件―関東大震災・知られざる悲劇』五月書房新社
　　……図11
＊みやぎの女性支援を記録する会（2012）『女たちが動く―東日本大震災と男女
　　共同参画視点の支援』生活思想社……図12

[協力]

＊大空社
＊五月書房新社
＊ドメス出版
＊（公財）野間教育研究所図書室
＊防災専門図書館

＊表紙写真＊

上段　　日本女子大学研究プロジェクト・平田京子編『「社会に貢献する」という
　　　　生き方―日本女子大学と災害支援』ドメス出版、2017年、写真22「寛永
　　　　寺授産部布団縫い」（「家庭週報」727より）、日本女子大学成瀬記念館所
　　　　蔵
中段上　同上、写真20「地方から送られてきた衣類の仕分け」、日本女子大学成
　　　　瀬記念館所蔵
中段下　同上、写真7「児童救護部の看板が立つテントと罹災者親子」、日本女子
　　　　大学成瀬記念館所蔵
下段　　自由学園女学生によるミルク配布、自由学園資料室所蔵

あとがき

　本書は、これまであまり取り上げられることのなかった関東大震災時の女性の被災状況と被災女性支援活動から、今日のジェンダー視点での災害対策に生かすべき教訓を導き出す試みとして書かれました。

　100年も前の、社会のあり方も女性の生き方も今日とは大きく異なった時代に発生した関東大震災を生き抜いた女性たちから、何を学ぶことができるか──期待と同時に一抹の不安もありましたが、数々の文献に接するなかで不安は払拭されました。

　まずは、私自身、関東大震災について何も知っていなかったことを思い知らされました。大正時代という激動期に生きて、東日本大震災とは比べようもないほど巨大な被害をだした大震災に直面して、驚異的な力を発揮した女性たちの活動には、今後の災害に生かさなければならない貴重な教訓がありました。同時にそこには、先達たちが戦争への道をひた走る社会の流れに抗することができなかった負の側面もありました。21世紀を生きる私たちは、負の側面から目を背けず、むしろそこから学ばなければならないことは何かを考えなければならないと思いました。

　本書を書くなかで、顧みられることなく眠っていた貴重な記録がたくさんあることを知りました。多大な犠牲を払って先達たちが残してくれた記録を、私たちは今日に生かす責務があると感じました。とは言え、まだまだ掘り起こされなければならない記録があるに違いありません。また、本書には、見落としている点や理解が不十分な点も多々あると思います。お

気づきのことがあればお知らせいただけますと幸いです。

　また本書は、先達の女性たちの軌跡を次の世代に伝えなければならないという思いから、若い世代にも理解しやすいように、近代日本の歴史と生活文化を整理しつつ、説明を加えました。ともに日本の近現代の歴史を学んでいただけると幸いです。

　なお、本書は災害とジェンダーをめぐる今日的課題のすべてを取り上げたわけではありません。ジェンダー視点での災害対応の全体については、『災害女性学をつくる』（浅野富美枝・天童睦子共著、生活思想社、2021 年）をお読みいただければ幸いです。

　最後に、本書を上梓するにあたり、生活思想社の編集者・五十嵐美那子さんには、埋もれていたたくさんの記録を探し出し、提供していただき、ともに考え、語りあってくださるなど、大変お世話になりました。本書は五十嵐さんとの共著とも言えるもので、五十嵐さんのお力添えなしには本書は日の目を見ることはなかったでしょう。また、『災害女性学をつくる』の執筆者の方々にも貴重なご意見、文献の紹介をいただきました。心よりお礼申し上げます。

　　　2023 年 10 月
　　　関東大震災から 100 年の年に、
　　　ジェンダー視点での災害対策の発展を願って

　　　　　　　　　　　　　　　　　　　浅 野 富 美 枝

浅野富美枝（あさの・ふみえ）
元宮城学院女子大学教授（家族社会学）、宮城学院女子大学・生活環境科学研究所客員研究員

　主な著書　「東日本大震災・福島第一原発による広域避難者との交流と「人間の復興」」『唯物論研究協会年誌第25号』（大月書店、2020年）、『3.11「人間の復興」を担う女性たち―戦後史に探る力の源泉』（生活思想社、2016年）、「東日本大震災とジェンダー視点からみた被災自治体職員」女性労働問題研究会編『女性労働研究』58号（青木書店、2014年）など。

　共著　浅野富美枝・天童睦子編著『災害女性学をつくる』（2021年）、みやぎの女性支援を記録する会編『女たちが動く―東日本大震災と男女共同参画視点の支援』（2012年）、以上生活思想社、など。

関東大震災　被災者支援に動いた女たちの軌跡

2023年12月25日　　第1刷発行

著　者　浅野富美枝
発行者　五十嵐美那子
発行所　生活思想社
〒102-0071　東京都千代田区富士見2-2-2　東京三和ビル203号
電話・FAX　03-6261-7191

組版／アベル社　　印刷・製本／新日本印刷株式会社
落丁・乱丁本はお取り替えいたします。

ISBN 978-4-916112-33-0 C0036　Printed in Japan